PAPIER
FRESSERCHEN
DIE BÜCHER MIT DEM DRACHEN

Impressum:

Besuchen Sie uns im Internet:
www.papierfresserchen.de

Herausgegeben von CAT creativ - www.cat-creativ.at
Lektorat und Gestaltung

im Auftrag von

© 2024 – **Papierfresserchens MTM-Verlag**

Mühlstraße 10 – 88085 Langenargen
info@papierfresserchen.de
Alle Rechte vorbehalten.
Erstauflage 2024

Coverbild: © Nia ™ – Adobe Stock lizenziert
Illustration S. 53, S. 72 © KI generiert Firefly Adobe Stock lizenziert,
alle anderen Illustrationen und Fotos: © bei den jeweiligen Autor*Innen

Gedruckt in Polen / Bookpress

ISBN: 978-3-99051-215-9 - Taschenbuch
ISBN: 978-3-99051-216-6 - E-Book

Martina Meier (Hrsg.)

Schulgeschichten 2.0

Von Klassenfahrten und Ausflügen, dem Schulalltag,
von Lehrern und Schülerstreichen

Ein Buch geht um die Welt – Band 1

Gemeinsam in der Klasse, Schule, Familie ... ein Buch schreiben

Das ist möglich mit unserem Angebot „Mein Buch – Dein Buch", das sich an Schulen, Schreibgruppen, Jugendgruppen, Bibliotheken und alle anderen Interessierte richtet, die gerne in einer kleinen oder auch größeren Auflage ein Buch privat veröffentlichen möchten – ohne ISBN und nur für den eigenen Zweck.

Wenn Sie Interesse haben, Ihre eigenen Geschichten einmal in einem Buch gedruckt zu sehen – zum Schulabschluss, für eine bestimmte Veranstaltung oder aber nur zur eigenen Freude, dann sprechen Sie uns an.

So können wir für Sie ein Taschenbuch mit bis zu 100 Seiten in Schwarz-Weiß mit einer Auflage ab 30 Exemplaren bearbeiten, layouten und drucken – der Preis pro Buch liegt bei 10,90 Euro (zzgl. Versandkosten). Preise für gebundene Bücher und Bücher mit mehr Seiten oder in Farbe auf Anfrage.

Gerne geben wir weitere Informationen unter:
info@papierfresserchen.de

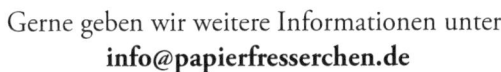

Inhalt

Versetzungsgefährdet 9

Die Sonnenblumen-Schule 13

Stürmische Zeiten – Tildas und Leos allererste Klassenfahrt 16

Ein entspannter, lustiger Schultag 19

Meine vier lustigen Schuljahre 22

Das rote Schließfach 24

Klassenfahrt mit Chaos 28

Die Veränderung an einem Tag 30

Der Junge von den Gängen 31

Ein abenteuerlicher Wandertag 36

Der wunderschöne Herr Bagamann 39

NaWi mit Herrn Laolla 41

Wie ich ein Schulkind wurde 44

Der Turnwettbewerb 47

Zwei Tage in Lucys Leben 50

Auf frischer Tat ertappt 55

Der Angstkäfer 58

Das freche Gespenst 60

Tommy, der Spuker 61

Das verschwundene Gespenst 63

Das Käsegespenst 64

Der Schulgeist 65

Fritz und Frida, die Schulgespenster 66

Polly, das Gespenst 68

Das Erlebnis von Paul und Sam 69

Das Kürbisgespenst 71

Das Gespenst und die Spritzpistolen 72

Verrückte Nacht 73

Rosi, das Gespenst 75

Myriam und das Gespenst namens Fritzchen 76

Das verrückte Gespenst 78

Das Gespenst in der Truhe 80

Das kleine Gespenst 81

Die Schule brennt 83

Spuki und die angehaltene Zeit 85

Fifi, das Gespenst 87

Das Schulgespenst 89

Der Schulgeist 90

Lizzy, das freche Gespenstermädchen 92

Gefangen in der Umkleide! 94

Lucy und die Freundschaft 96

Eine Nacht in der Sonnenschein-Schule 101

Das Geheimnis der Glückskekse 107

Schulgeschichten 2.0 114

Die gefährliche Klassenfahrt 118

Die Schulgeistschule 122

Die unerwartete Überraschung 123

Ein aufbrausender Schüler 125

Ein nächtlicher Besuch 127

Ein Traum ohne Regeln 128

Eine Klasse hält zusammen 130

Eine Klasse voller Streiche 133

Wo ist Johann? 134

Buchstaben rundherum 136

Der unangekündigte Test 138

Die besten Freunde 140

Die Entführerfahrt   142
Die Entführung   143
Die Klasse 4a auf Klassenfahrt   145
Miranda und Kate   147
Das traurige Dunkel und ich   150
Die Superherogirlsschule   156
Die Schule der Elemente   161
Die Schule der Furcht   165
Das Glück der Dinos   170
Der normale Tag, der ein Albtraum wurde   172
Die Schule der magischen Stifte   174
Die Magie-Schule   177
Die strengste Schule der Welt   179
Die allerbesten Freunde der Welt   181
Mo-Fr 09.55-10:15 Uhr   182
Das Internat des Grauens   184
Der Schultag, der niemals endet   187
Ausflug nach Wien   193
Die unlangweiligste Klassenfahrt der Welt   195
Die komische Zugfahrt   197
Freundlichkeit lohnt sich immer   199
Alis und die Kinder der Bücher   203
Geheime Schule der Wunder   208
Der Tag, an dem wir dachten, die Schule brennt   212
Der magische Regenbogenwald   213
Die neue Klasse   214
Die erste magische Klassenfahrt der 3A   216
Die Schulabenteuer von Amy Abendstern   220
Die Schülerstreiche   230
Der Schultag   232
Die Streicheschule   233

Der tolle Tag mit Freund und Klasse 234

Schülerstreiche 236

Schülerstreiche 238

Verwöhnte Schüler 240

Schule 2.0 242

Autorinnen + Autoren 244

Versetzungsgefährdet

Salims Schultasche war mit jedem Schritt, dem er seinem Zuhause näher gekommen war, schwerer geworden. Jetzt, wo er direkt vor dem großen Mietshaus mit dem frischen, hellblauen Anstrich stand, hatte er das Gefühl, dass jemand einen großen Haufen Ziegelsteine hineingeschüttet hatte. Und davon wog jeder einzelne mehrere Kilogramm. Dabei hatte Salim eigentlich bloß sein Mathematik- und Spanischzeug sowie seine Zeugnismappe dabei. Heute hatten sie Halbjahresinformationen bekommen. Vermutlich waren die der Grund, warum Salim sich leicht unter dem Gewicht auf seinem Rücken krümmte. Eine 5 auf dem Zeugnis wog sehr viel, das wusste er bereits. Die hatte er in Mathe auch schon letztes Jahr gehabt. Seit diesem Schuljahr gab es auch den Spanischunterricht und er hatte festgestellt, dass ihm dieses Fach nicht gerade lag. Diese 5 verdoppelte das Gewicht noch einmal.

Was allerdings für den Haufen aus Steinen zuständig war, das war der Eintrag unter Salims Noten:

Salim Gül ist stark versetzungsgefährdet.

Dieser Satz hatte sich nun in seinem Kopf festgesetzt und ließ sich nicht mehr abschütteln. Salim wusste nicht, wie man mit so was umging. Und schon gar nicht wusste er, wie er das seinen Eltern beibringen sollte.

Frustriert strich sich der Sechstklässler durch die lebhaften, schwarzen Locken. Was, wenn er am Ende des Schuljahres wirklich nicht versetzt wurde? Wie würde es dann weitergehen? Salim müsste die Klasse wechseln.

Bei dem Gedanken sträubten sich sämtliche Haare seines Körpers. Er wollte auf keinen Fall, dass es so weit kam. Es würde bedeuten, dass er nicht mehr neben seinem besten Kumpel Felipe sitzen konnte. Aber ohne ihn war der Unterricht so langweilig … Ja, ohne ihn würde Salim in der Schule nur noch schlechter mitkommen. Ach ja, und ohne Marika ebenfalls. Salim mochte sie sehr. Schon in der fünften Klasse hatten sie sich angefreundet, aber seit einiger Zeit war es anders. Salim war plötzlich aufgefallen, was für schöne Haare sie doch eigentlich hatte. Lange Locken, die ihr über die Schulter fielen und ihrem Gesicht wunderbar schmeichelten. Die Farbe lag irgendwo zwischen Dunkelblond und Hellbraun, und sie sahen sehr seidig aus. Außerdem dufteten sie nach Zimt.

Und nicht nur das: Salim fand überhaupt alles an ihr hübsch. Zum Beispiel Marikas Augen. Eine einzelne Farbe war nicht zu definieren, es war, als wären sie Kaleidoskope, die in den verschiedensten Tönen schillerten. Aber ihre Augen leuchteten und strahlten wie die Sonne, das wusste Salim. Und was er auch wusste, war, dass Marika viele gute Noten schrieb. Leider war sie seit einer Weile mehr mit ihren Freundinnen zusammen als mit Salim und seinen Kumpeln. Das machte ihn öfters traurig und er wünschte sich, mehr Zeit mit ihr zu verbringen.

Aber wenn er dazu die Chance hatte, traute er sich nicht. Es war zum Verrücktwerden. Marika lebte im gleichen Haus wie Salim, sodass sie beispielsweise den gleichen Schulweg hatten. Früher waren sie auch immer zusammen zur Schule und zurück gelaufen, aber diese Vorstellung machte Salim mittlerweile nervös. Also wartete er immer ein wenig und ließ Marika zuerst loslaufen, bevor er dann vorsichtig folgte.

Gerade heute war ihm das sehr lieb gewesen. Salim wollte nicht nach Hause. Nicht mit so einem Halbjahreszeugnis. Und dementsprechend hatte er sich Zeit gelassen.

Aber jetzt stand er hier vor seinem Zuhause. Eigentlich sollte er wohl reingehen, doch das war das Letzte, was er jetzt wollte. Und somit stand Salim sich hier die Beine in den Bauch, in dem sich ein flaues Gefühl breitgemacht hatte.

Salim hatte längst das Zeitgefühl verloren, als plötzlich die Tür des Mietshauses aufgestoßen wurde und Marika heraustrat. Salim blieb für einen Moment die Luft weg. Natürlich hatte er sie heute schon in der Schule gesehen. Da hatte sie ein Kleid getragen und er musste gestehen, dass sie darin echt umwerfend ausgesehen hatte. Jetzt hingegen trug Marika ein dunkelblaues Shirt und einen knielangen Rock. Das war so viel mehr ihr Stil und durch diese Natürlichkeit fand Salim, dass sie gleich noch mal viel besser aussah.

Marika lächelte ihn an. „Hey Sali."

Obwohl es Winter war, wurde Salim seltsamerweise heiß. „Hi, äh, Mari", erwiderte er, eine Hand in seinen Locken vergraben. Eine Weile herrschte Schweigen. Salim wusste nicht so recht, was er sagen sollte, und er fühlte sich irgendwie … verlegen.

„Schon schön, dass mal Pause von der Schule ist, oder?", meinte Marika endlich.

Salim nickte heftig. „Zwei Wochen kein Mathe, ähm, das ist gut, äh, für, äh, mich, weißt du?"

Marika lächelte weiterhin. „Ja. Ich mag Mathe eigentlich, aber die Lehrerin, die wir neuerdings haben …" Sie verzog das Gesicht.

Salim nickte wieder.

Eine Weile führten sie ein Gespräch über die Ferien, die Änderung des Stundenplans nach diesen, die anstehende Klassenfahrt im Frühjahr und mehr. Irgendwann kamen sie dann aber zu den Halbjahreszeugnissen. Marikas schlechteste Note war eine 4 in Sport. Salim bewunderte sie sehr. Eine 1 in Mathe würde er zum Beispiel niemals schaffen.

„Und du?", wollte Marika danach wissen.

Salim holte Luft, um zu antworten, doch er unterbrach sich. War es wirklich eine gute Idee, Marika von seinen Noten zu erzählen? Was, wenn sie ihn für dumm halten würde? Peinlich berührt sah er auf den Boden.

„Ist alles okay?", hörte er da Marikas besorgte Stimme.

Ein wohliges Gefühl breitete sich in ihm aus, vertrieb das flaue Etwas in seinem Bauch und sorgte dafür, dass Salim wieder aufsah. Auf einmal war er der Meinung, dass er es Marika auf jeden Fall erzählen sollte.

„Ich habe zweimal die Note 5", erklärte er also. „In Mathe und Spanisch. Also …" Er schluckte heftig. „… also bin ich, ähm, versetzungsgefährdet." Nervös wich Salim ihrem intensiven Blick aus. Was, wenn sie jetzt doch nichts mehr mit ihm zu tun haben wollte? Immerhin war er viel dümmer als sie.

„Oh", murmelte Marika betreten. „Das wusste ich nicht." Unangenehme Stille machte sich breit.

„Und, ähm … Wie ist das mit deinen Eltern?", fragte Marika und kam vorsichtig näher, bis Salim den Zimtgeruch ihrer Locken riechen konnte. Er liebte ihn einfach, denn er war angenehm, intensiv, aber nicht aufdringlich.

Salim riss sich zusammen und zuckte mit den Schultern. „Ich hab es ihnen noch nicht gesagt. Sonst, äh … sie … ähm …" Verzweifelt raufte er sich die Haare. Doch plötzlich hatte er das Gefühl, an einen Elektrozaun gestoßen zu sein. Tausende kleine Blitze schossen durch seine Haut und durchquerten seinen gesamten Körper. Marikas Hand ruhte auf seiner Schulter. Sie hatte den Kopf leicht schief gelegt, sodass die lockigen Strähnen zur Seite rutschten. Ihr Blick war besorgt und nachdenklich zugleich.

Salim zwang sich, weiterzuatmen und nicht einfach ohnmächtig umzufallen.

„Ich könnte dir helfen", sagte Marika. So aus der Nähe klang ihre Stimme wie ein hauchzartes, melodisches Windspiel, nur hundertmal schöner.

„Zusammen geht alles leichter. Und in Mathe könnte ich dich doch unterstützen, oder? Ach ja, und Spanisch kann ich eigentlich auch gut."

In diesem Moment lösten sich die Ziegelsteine in Salims Ranzen in Luft auf. „Das … würdest du tun?", fragte er ungläubig.

Marika strahlte ihn an und nahm die Hand von seiner Schulter. Sofort vermisste Salim die Berührung. „Klar", erwiderte sie. „Dafür sind Freunde doch da, oder?"

„Freunde", wiederholte Salim leise. Er wusste nicht, wieso, aber das Wort gefiel ihm nicht. Nicht in Bezug auf Marika und sich.

„Also dann …" Marika streckte ihm auffordernd die Hand hin. „Kommst du?"

Die Probleme der Welt lösten sich von selbst. Beherzt und glücklicher, als er es für möglich gehalten hatte, ergriff Salim Marikas Hand und folgte ihr ins gemeinsame Haus.

Rebekka Dienst, geboren 2009, lebt in der Nähe von Leipzig. Sie ist zum Zeitpunkt der Verfassung dieser Biografie 14 Jahre alt. In ihrer Freizeit beschäftigt sie sich mit Büchern, Schreibprogrammen, Klavierstücken und Kopfhörern. Papier und Stift zu benutzen, um Geschichten zu schreiben, ist ihr erstmals mit sieben Jahren eingefallen.

Die Sonnenblumen-Schule

Es war einmal eine kleine Schule namens *Sonnenblumenweg*, die in einem ruhigen Vorort lag. Die Schüler und Lehrer dieser Schule waren sehr stolz auf ihr Maskottchen, eine fröhliche Sonnenblume namens Sunny. Sunny stand für Fröhlichkeit, Zusammenarbeit und Sonnenschein im Herzen.

Eines Tages, kurz vor den Sommerferien, verschwand Sunny plötzlich aus der Schule. Die Kinder waren am Boden zerstört und die Lehrer besorgt. Wo konnte Sunny nur hingegangen sein? Die Schulleiterin Frau Müller rief eine Versammlung ein, um die Situation zu besprechen. Alle Schüler und Lehrer versammelten sich in der Aula, um gemeinsam nach Hinweisen zu suchen. Die Schulleiterin erklärte, dass sie glaubte, Sunny sei gestohlen worden und dass es an uns allen lag, sie wiederzufinden.

Die Schüler bildeten Teams und begannen, die Schule nach Hinweisen abzusuchen. Sie durchsuchten Klassenzimmer, den Schulhof und sogar das Schulsportgerätezimmer. Doch es gab keine Spur von Sunny. Die Kinder begannen, sich Sorgen zu machen, und einige von ihnen dachten, Sunny würde nie wieder auftauchen.

Eines Tages, als die Suche fast aufgegeben schien, entdeckte Tim, ein aufgeweckter Schüler der vierten Klasse, etwas Seltsames in der Nähe des Schulgartens. Es war ein kleiner, sonnenblumenförmiger Anhänger, der auf dem Boden lag. Tim hob ihn auf und fand eine Nachricht darin. Es war eine geheimnisvolle Botschaft, die besagte:

Folge der Spur des Sonnenlichts.

Tim war aufgeregt und eilte zu seinen Freunden, um ihnen von seiner Entdeckung zu erzählen. Gemeinsam beschlossen sie, der Botschaft zu folgen und das Rätsel zu lösen. Sie folgten einer Spur aus sonnenblumengelben Fußabdrücken, die sie durch die Schule führte.

Schließlich führte die Spur sie in den Schulgarten, wo sie vor einer geheimen Tür standen, von der sie bisher nichts gewusst hatten. Sie öffneten die Tür und betraten einen Raum, der mit sonnigen Bildern und Blumen dekoriert war. Und dort in der Ecke, in einem großen Sonnenblumentopf, fanden sie Sunny, die strahlte, als sie ihre Freunde sah.

Es stellte sich heraus, dass Sunny sich versteckt hatte, weil sie eine Überraschung für die Schüler vorbereitet hatte. Sie hatte die Kinder gebeten, sie zu finden, um ihnen ein ganz besonderes Geschenk zu überreichen – ein Sonnenblumenfest, um das Schuljahr zu feiern.

Die Schüler waren überglücklich und feierten ein fröhliches Fest mit Sunny. Sie hatten gelernt, wie wichtig Zusammenarbeit und das Lösen von Rätseln waren. Und vor allem hatten sie erkannt, wie sehr sie ihr Schulsymbol, Sunny die Sonnenblume, liebten.

In den folgenden Jahren entwickelte sich die Grundschule *Sonnenblumenweg* zu einem Ort der Freude und Kreativität. Die Schülerinnen und Schüler begannen, regelmäßig an Projekten teilzunehmen, die die Botschaft von Sunny, dem Sonnenblumenmaskottchen, weitertrugen.

Die Sonnenschein-Klub wurde gegründet, eine Gruppe von Schülern, die sich gemeinsam für soziale Projekte einsetzten. Sie besuchten Seniorenheime, halfen bei örtlichen Umweltinitiativen und organisierten Spendenaktionen für wohltätige Zwecke. Ihr Motto war: Verbreite den Sonnenschein!

Die Schule startete auch ein Sonnenblumen-Gartenprojekt, bei dem die Schülerinnen und Schüler die Verantwortung für die Pflege eines schönen Sonnenblumengartens auf dem Schulgelände übernahmen. Der Garten wurde zu einem Ort der Ruhe und Besinnung für die Schülerinnen und Schüler, an dem sie die Schönheit der Natur und die Bedeutung von Pflege und Engagement für eine gemeinsame Sache erleben konnten.

Jedes Jahr anlässlich des Sonnenblumenfestes veranstaltete die Schule einen Talentwettbewerb. Schülerinnen und Schüler zeigten ihre besonderen Fähigkeiten, sei es Musik, Kunst, Tanz oder Akrobatik. Das Sonnenblumenfest wurde zu einem Höhepunkt des Schuljahres, bei dem die Schüler ihre Talente zur Schau stellten und die Gemeinschaft feierten.

Die Geschichte von Sunny und den Schülern der Grundschule

Sonnenblumenweg wurde sogar in der örtlichen Zeitung veröffentlicht. Die Schule erhielt zahlreiche Auszeichnungen für ihre Bemühungen, eine positive und unterstützende Umgebung für die Kinder zu schaffen. Sunny blieb weiterhin das Maskottchen der Schule und besuchte die Schülerinnen und Schüler regelmäßig, um sie zu ermutigen und daran zu erinnern, wie wichtig es ist, fröhlich und sonnig im Herzen zu sein.

Die Geschichte des verschwundenen Schulmaskottchens und des Sonnenblumenfestes wurde zu einer Legende in der Schule. Sie erinnerte die Schülerinnen und Schüler daran, dass sie gemeinsam Schwierigkeiten überwinden können und dass Freundschaft, Zusammenarbeit und Sonnenschein im Herzen uns immer den Weg weisen. Und so war die Grundschule Sonnenblumenweg nicht nur ein Ort des Lernens, sondern auch ein Ort der Lebensfreude und des Miteinanders.

*Ich bin **Marco Kronichler,** 2010 in Kufstein (Tirol/Österreich) geboren, aber lebe in Walchsee. Die wichtigsten Personen in meinen Leben sind meine Mutter und mein Hase Pfannkuchen und auch meine Geschwister. Weil in meinem Leben immer viel los ist, mag ich es auch, wenn es etwas ruhiger ist. In meiner Freizeit gehe ich im Sommer gerne schwimmen und im Winter gehe ich gerne Snowboarden und im Schnee spielen. Wenn mal nichts los ist, lese ich viel und gerne, deswegen ist mir sofort etwas eingefallen, als ich euren Post sah.*

Stürmische Zeiten – Tildas und Leos allererste Klassenfahrt

Hi! Ich bin Tilda und sozusagen die Chefin dieser Geschichte. Denn ich erzähle euch von meiner und Leos allererster Klassenfahrt, aber bevor ich zur eigentlichen Geschichte komme, stelle ich uns kurz vor, damit ihr, liebe Leserinnen und liebe Leser, auch wisst, mit wem ihr es zu tun habt.

Ich bin Tilda, zwölf Jahre alt, mag zeichnen, malen und einfach mal entspannt Löcher in die Luft starren. Ich gehe in die sechste Klasse und bin ich gern in der Natur, um zu entspannen. Was ich allerdings gar nicht leiden kann, sind Abenteuer oder Überraschungen, und damit bin ich das volle Gegenteil von meinem drei Minuten jüngeren Zwillingsbruder Leo. Er liebt Action, fährt Downhill und spielt gern Basketball. Kennt ihr diese Leute, die in der wildesten Achterbahn auch noch die Arme nach oben reißen und Grimassen am Foto-Point machen? So ein Typ ist Leo. Das sind nun genug Informationen über uns, legen wir mit der eigentlichen Geschichte los:

Es war mal wieder ein richtig wuseliger Morgen. Leo kam einfach nicht aus dem Bett, obwohl Mama ihn bestimmt schon zehn Mal gerufen hatte und wir pünktlich am Parkplatz der Schule sein mussten. „Die Busse warten auf niemanden", hatte Frau Steinhoff, unsere Klassenlehrerin, mehrfach energisch wiederholt.

Für Frühstück blieb somit, nachdem Leo sich endlich aus dem Bett geschält hatte, keine Zeit mehr. Zumindest schafften wir es noch rechtzeitig zum Bus und Mama hatte mir versprochen, uns ausreichend Brote mit unserer Lieblingssalami einzupacken, auf die ich mich freuen konnte.

Nachdem unsere Taschen verstaut waren, ging die Fahrt im Reisebus schon los. Unser Ziel war ein Campingplatz im Allgäu. Schlafen unter freiem Himmel, nur geschützt durch dünne Zeltwände und definitiv keine Ruhephasen zum Löcher in die Luft starren – ein

Traum für Leo, ein echter Albtraum für mich. Recht zügig konnten wir unsere Zelte beziehen und mit den mitgebrachten Isomatten und Schlafsäcken sah unser Mädelszelt auch wirklich gemütlich aus.

Nach der langen Busfahrt sammelte unsere Klasse noch ein paar Äste, Stöcker und sogar ein paar wilde Erdbeeren, wir machten ein kleines Lagerfeuer, verteilten die letzten Salamibrote, aßen Erdbeeren und grillten Marshmallows. Nie hätte ich an diesem entspannten Abend gedacht, welches Abenteuer mich noch in der ersten Nacht erwarten sollte.

Die Pyjamahose sicherheitshalber in die Socken gestopft, sodass keine Insekten ihren Weg an meinen Beinen entlang finden konnten, und eingekuschelt in meinen Schlafsack, schlief ich als Erste im Mädelszelt ein. Doch die Ruhe dauerte nicht lang an, denn ein unglaublicher Sturm zog über dem Zeltlager auf. Es donnerte und blitzte, wie ich es zuvor noch nie erlebt hatte – und erst recht nicht, während ich in einem kleinen Zelt unter freiem Himmel schlief. Als ich meine Augen öffnete, weil die Regentropfen so lautstark an den Zeltstoff prasselten, dass ich keine Ruhe mehr fand, schliefen meine Freundinnen noch tief und fest. Ich steckte den Kopf kurz durch den leicht geöffneten Reißverschluss, um einen Blick auf Leos Zelt zu erhaschen, doch auch dort schien alles ruhig. Machte sich denn niemand Sorgen?

Doch! Ich hatte den Reißverschluss erst zur Hälfte wieder geschlossen, da hörte ich Frau Steinhoffs schrille Stimme, die nur knapp das Gemisch aus prasselndem Regen und Donner übertönte: „Alle Kinder aufstehen und aus den Zelten kommen! Ein Sturm zieht auf! ... Ein heftiger Sturm zieht auf!"

Irgendwie fühlte ich mich sofort erleichtert, da ich nun nicht mehr als Einzige ein mulmiges Gefühl bei diesem starken Regen und beim Anblick der sich immer stärker neigenden Bäume hatte. Frau Steinhoff und die anderen Lehrerinnen und Lehrer wiesen uns schnell den Weg in einen kleinen Aufenthaltsraum, in dem wir eigentlich erst am nächsten Morgen unser Frühstück bekommen sollten.

Mit Schlafsack und Isomatte markierte ich schnell einen Platz zwischen Leo und meinen Freundinnen. Hier drin klang der Sturm zwar noch beängstigend, aber ich war froh, nicht allein zu sein. Gemeinsam lenkten wir uns gut ab und hofften, dass das Zeltlager keinen großen Schaden nehmen würde. Als ich eigentlich kaum noch die

Augen offen halten konnte, begann Herr Gruber, unser Sportlehrer, noch eine Gruselgeschichte zu erzählen. Das machte er wirklich sehr überzeugend – etwas zu überzeugend, wenn ihr mich fragt. Ihr könnt euch gar nicht vorstellen, wie froh ich war, meinen kleinen Bruder Leo neben mir zu wissen, für den ja kein Abenteuer zu aufregend sein kann.

Am nächsten Morgen sollten wir nach dem Frühstück eigentlich zu einer Wanderung aufbrechen. Doch als wir einen Rundgang durch das Zeltlager machten, wurde schnell klar, dass der Sturm viel angerichtet hatte: Sitzmöbel und Sonnenschirme waren durch die Luft gewirbelt worden, Blumentöpfe zerbrochen, einige Zelte hatten kleine Löcher, überall lagen Äste und Berge von Laub, sogar ein junger Birnbaum war entwurzelt. Sofort waren wir – die 6a und 6b – uns einig, dass dies kein normaler erster Ausflugstag, wie man von anderen Klassenfahrten gehört hatte, werden konnte.

Wir packten alle mit an, um das Zeltlager wieder herzurichten. Frau Steinhoff sorgte für die nötige Motivationsmusik, wir lernten von Herrn Gruber, wie man Zeltstoff flickt, sammelten Äste und Stöcker auf, kehrten Laub zusammen und Leo und ich versuchten, die Pflanzen der zerbrochenen Töpfe in kleinen Beeten neu einzupflanzen. Am späten Nachmittag waren wir zwar alle völlig erschöpft, aber auch wirklich erleichtert und zufrieden, als wir uns wieder im Gemeinschaftsraum einfanden, um gemeinsam zu essen.

Nach diesem aufregenden Auftakt unserer allerersten Klassenfahrt erlebten wir noch fünf weitere, durchaus entspanntere Tage im Zeltlager. Aber von diesen Abenteuern erzähle ich vielleicht mal in einer anderen Geschichte.

Eure Tilda

Oskar Julius Hoffmann ist 11 Jahre alt und besucht die 6. Klasse der IGS Kaufungen. Seine Freizeit verbringt er gern in virtuellen Welten beim Zocken mit seinen Freunden und liest und schreibt gern spannende Geschichten, die meistens von eigenen fantastischen Welten oder spannenden Abenteuern erzählen. Mehrere seiner Texte wurden bereits veröffentlicht, beispielsweise als Preisträger des THEO – Berlin-Brandenburgischer Preis für junge Literatur – oder des Schreibwettbewerbs „Schöne deutsche Sprache" der Neuen Fruchtbringenden Gesellschaft Köthen. Außerdem begeistert er sich für Naturwissenschaften.

Ein entspannter, lustiger Schultag

Es war ein verschneiter Dezembertag. Die Klasse 7B hatten so absolut keine Lust auf Unterricht. Eislaufen war ganz gut gewesen, aber auf Englisch und Mathe hatte niemand Lust, schon gar nicht an einem Freitag. Mit einem Bus fuhren die Kinder zum Gymnasium zurück. Dort angekommen, bemerkten sie, dass die Pause noch gar nicht angefangen hatte. Umso besser, denn so konnte die Klasse schon einmal anfangen, ihren Klassenraum für einen Wettbewerb zu schmücken. Bei dem Wettbewerb ging es darum, welche Klasse den weihnachtlich geschmücktesten Klassenraum hatte. Deshalb hatte jeder aus der Klasse etwas Deko mitgebracht und sich entsprechend weihnachtlich angezogen. Die Jungen und Mädchen liefen also ins Gebäude, die Treppen hoch und in den 2. Stock in ihren Klassenraum. Alle stellten ihre Taschen ab und holten ihre Deko heraus. Bald schickten die Mädchen die Jungen vor die Tür, um sich weihnachtlichere Sachen anzuziehen. Damit waren Pyjama-Hosen und Weihnachtspullis gemeint … Denn die Kinder mussten ein Video ihres Klassenraums machen und an die Jury schicken.

Danach wurde geschmückt! Auch als es zur Pause klingelte, schmückte die Klasse weiter. Während ein paar Jungen sich am Schul-Kiosk eine Pizza holten, bauten die anderen einen unechten Weihnachtsbaum auf. Andere bemalten und beklebten die Fenster. Elif und Luise schmückten den Baum mit Kugeln und Lametta. April und Emma klebten eine Lichterkette an die elektronische Tafel. Mary und May hängten weitere Lichterketten auf. Fiona hängte Geschenkpapier an die Pinnwand und John verteilte im Raum Watte. Ariona aktivierte ihren singenden Mini-Weihnachtsbaum. Maya sorgte für die passende Musik und Benedikt und Otto sangen zur Musik. Fanny malte an die Tafel mit Kreide einen Haufen Geschenke, während Ole und James Schneeflocken an die Wände hängten.

Paul fegte den Raum und der Rest spielte irgendwelche Videospiele an iPads.

Es fing erneut an zu schneien, als es zum Unterricht klingelte. Nur hatte die Klasse keinen Unterricht im Sinn. Wer mochte schon Mathe?! Zusammen schoben die Kinder alle Tische zu einem Stern zusammen. Nick und Thomas machten die Rollladen runter und Emma und Mary schalteten alle Lichterketten an. Die Klasse sah sich zufrieden um. Alles sah weihnachtlich und gemütlich aus. Alle, die am Klassenraum vorbeigingen, staunten. Da hatten die Kinder gute Arbeit geleistet.

Jetzt fehlte nur noch das Video! Alle Kinder setzen sich auf die Tische – bis auf Maya, Elif, James und Benedikt. Maya würde jetzt mit ihrem Handy das Video aufnehmen und Elif, James und Benedikt würden die Klasse vorstellen. Am Ende würde Maya den Stern aus Tischen und den anderen Kindern filmen und diese würden: „Merry Christmas!", rufen.

Bei dem ersten Versuch war die Musik zu laut. Beim zweiten versprach sich Elif. Beim dritten stolperte Benedikt und beim vierten Versuch fingen alle an zu lachen, als James den singenden, kleinen Weihnachtsbaum anschaltete und dieser mit tiefer, krächzender Stimme anfing, *Last Christmas* zu singen. Sie brauchten fast eine halbe Stunde, bis sie das Video gedreht hatten, ohne dass jemand anfing zu lachen. Der Lehrer kam in die Klasse. Er hatte das Video nicht verbieten können, denn er hatte ja bekannt gegeben, dass dieser Wettbewerb stattfand. Jetzt hatte er wertvolle Mathezeit einfach verloren. Er war nicht wütend, aber er war angesäuert.

Während des Matheunterrichts fragte Elif plötzlich, ob sie nicht kurz Händewaschen könnte. Die Klasse wusste, was das Mädchen vorhatte, der Lehrer nicht. Er erlaubte es ihr. Plötzlich hatten alle Kinder auf einmal eine Frage und der Lehrer rannte durch die Gegend. Er bemerkte nicht, dass Elif sich so ganz und gar nicht die Hände wusch, sondern den singenden Baum wieder anschaltete. Sie zog den Stecker des Smart TVs heraus und ließ den Baum zeigen, was er konnte. Dann sprang sie zum Waschbecken und tat, als würde sie ihre Hände waschen. Der Baum fing an, schief irgendein Lied zu singen. Alle Kinder fingen an zu lachen. Der Lehrer sah irritiert den Baum an und versuchte, ihn zum Schweigen zu bringen. Dann fiel ihm ein, dass er einfach den Stecker herausziehen könnte. Er bekam nur leider den Stecker nicht aus der Dose. Also sang der Baum einfach weiter. Letztendlich schaltete der Lehrer die Steckdose einfach aus. Es klingelte und dann war die Stunde auch schon vorbei. Jetzt war Pause und dann nur noch Englisch. Die Pause verbrachten die Kinder mit einer Schneeballschlacht.

Es klingelte und die Klasse lief ins Gebäude. Die Englischlehrerin kam in die Klasse und staunte. Sie lobte die Klasse und bewunderte den Raum. Sie begrüßte die Klasse. Danach wurde ein Vokabeltest geschrieben. Alle waren ganz leise und schrieben den Test und dann mitten im Test ... Richtig, der Baum fing an zu singen. Die Lehrerin lachte. Nach wenigen Minuten war sie jedoch genervt und bat eine Person, den Baum auszuschalten. Als Nächstes schaltete sie den Smart TV an – oder versuchte es zumindest. Sie schaffte es nicht und fragte sich, ob er vielleicht kaputt war. Zehn Minuten lang versuchte die Lehrerin, den Smart TV anzuschalten, bis die Klasse sie darauf hinwies, dass der Stecker gar nicht in der Steckdose war. Doch noch immer wollte die elektronische Tafel nicht anspringen. Die restliche Schulstunde überlegte die Lehrerin, was los war. Am Ende der Stunde, als es klingelte, liefen alle Kinder aus der Klasse. Auf dem Weg nach draußen lief Emma an dem kleinen Baum vorbei, steckte auch den Baum wieder an Strom und schaltete die Steckdose an. Sofort ging der TV an und der Baum fing an zu singen. Als die Lehrerin sich umsah, waren alle Kinder schon weg.

Das war ein entspannter Tag gewesen!

Loana Giesler: Ich bin 12 Jahre alt. Meine Hobbys sind Lesen und Schreiben. Es macht mir einfach Spaß, Geschichten und Gedichte zu schreiben und in eine andere Welt einzutauchen.

Meine vier lustigen Schuljahre

Mein Name ist Luisa und ich bin in der Klasse 4a. Diese befindet sich in Hannover. Hannover ist die Hauptstadt von Niedersachsen. Ich wurde im Jahr 2020 eingeschult. Da dort die Coronazeit war, mussten wir Masken tragen. Wir haben die anderen Klassen nur sehr wenig gesehen und wenn überhaupt, nur die anderen ersten Klassen. Auf dem Pausenhof waren bestimmte Bereiche abgesteckt: Überdachung, Fußballplatz und Klettergerüst. In den Pausen konnte man kein Tischtennis spielen, weil auf dem Fußballplatz die Tischtennisplatte und auf der Überdachung die Schläger und der Ball waren. In der ersten Klasse hatten wir zwei Klassenlehrerinnen. Erst hatten wir Frau Croissant, die dann schwanger wurde, und dann Frau Hahn, die nur Vertretungslehrerin war.

Dann kam ich ins 2. Schuljahr. Dort hatte ich Frau Leder als Klassenlehrerin. Im Laufe des Jahres durften wir auf dem Schulhof wieder mit den anderen Klassen spielen. Wir haben uns alle gewundert, was dieser Gong bedeutet, weil wir ihn davor noch nie gehört hatten.

Im 3. Schuljahr wurde unsere Parallelklasse aufgelöst und die Kinder auf verschiedene Klassen verteilt. Die andere Klasse bekam fast die gesamte Anzahl der Kinder und wir bekamen Leni. Sie war die Schwester von meiner Freundin Ella.

In der dritten Klasse sind wir auf *Klassengeh* gegangen. Ich nenne es so, weil wir zu unserem Ziel gegangen sind. Dort gab es Hühner und wir haben sehr viele Ausflüge in den Wald gemacht. Dann wurde Frau Leder auch schwanger und wir bekamen Frau Flocki-Pocki. Sie war sehr streng. Aber dann verletzte sie sich und kam nicht wieder. Für das restliche Schuljahr bekamen wir Frau Feuer. Sie war sehr nett und wir hatten viel Spaß mit ihr.

Danach kamen wir ins 4. Schuljahr und fragten uns, welche Lehrerin wir kriegen würden. Dann wurde uns mitgeteilt, dass die Schule einen Antrag gestellt hatte und wir Frau Feuer behalten konnten. Wir haben mit Frau Feuer eine Snackbar und einen Bastelbasar gemacht. Das waren meine vier Schuljahre, in denen ich fünf Klassenlehrerinnen hatte.

*Mein Name ist **Luisa Ahrens**. Ich wurde im August 2014 im wunderschönen Hannover geboren und bin heute 9 Jahre alt. Seit 2020 gehe ich in der Oststadt von Hannover zur Grundschule. Ich liebe es, zu reiten, zu voltigieren, mich zu bewegen und Geschichten zu schreiben.*

Das rote Schließfach

Es gab an die 200 Schließfächer in der Schule. Etwa die Hälfte davon befand sich im hohen Schulkorridor. Jeweils drei Schließfächer standen übereinander. So ragten sie vom Boden bis zur Decke und bedeckten die Wand, ohne dass jemand ihnen Beachtung schenkte. Vielleicht hing es aber auch einfach daran, dass die rote Farbe so verblichen war, dass die Schüler den Anblick bewusst mieden. Bei einem bestimmten Fach aber stach ein frisch aufgetragenes Graffiti heraus, was der Besitzerin mitleidige Blicke und Spott einbrachte. Emma war – zumindest hätte man das denken können – das genaue Gegenteil von ihrem Schließfach. Auf den ersten Blick war sie unauffällig. Sie trug schlichte Kleider, graue Stiefel und einen zu weiten Kapuzen-Pullover mit Löchern. Wie immer versteckte sie ihre blonde Haarpracht unter dem weichen Stoff dieser Kapuze und zog sie weit in ihr hübsches Gesicht. Trotz ihrer Bemühungen, wie die Mehrheit der Schließfächer einfach mit ihrer Umgebung zu verschmelzen, gelang es ihr aber keinen einzigen Tag zu überstehen, ohne für unerwünschte Aufmerksamkeit zu sorgen.

Emma traten schon beim Gedanken daran die Tränen in die Augen. Sie stand mitten im Schulkorridor vor ihrem Graffiti-Schließfach. Als sie näher herantrat, konnte sie die mit schwarzer Farbe hinzugekritzelten Schimpfwörter lesen. Sie hatte in den letzten Wochen versucht, die Farbe des Graffitis und der Kritzeleien abzukratzen, doch anscheinend legten ihre Mitschüler großen Wert darauf, die Schrift zu erneuern.

Als sie das Schließfach öffnete, fielen Emma unzählige kleine Notizzettelchen entgegen, die man in die Ritze zwischen dem Fach und dem Nachbarfach gesteckt hatte. Emma holte ihre Bücher raus und stopfte sich schließlich die Papierstücke in die Tasche, ohne sie zu lesen. Sie hatte gelernt, dass es so besser war, da sowieso auf allen verletzende Worte und Beleidigungen standen.

Eine einsame Träne lief leise über ihre die Wange. Sie wischte sich die Träne hastig ab, doch es war schon zu spät. Die drei Mädchen, die ihr wie üblich auf Schritt und Tritt folgten, brachen in schallendes Gelächter aus. Kaum zu glauben, dass eines der Mädchen, Olivia, einmal Emmas beste Freundin gewesen war. Doch sie hatte sich von ihr abgewandt, als Emmas Vater die Arbeit verlor und die Familie arm und ärmer wurde. Jetzt lachte sie Emma wegen ihrer alten, kaputten Kleidung nur noch aus.

Immer mehr Schülerinnen hatten sich der Mädchenclique angeschlossen und taten es noch immer. Einige davon riefen Emma Beleidigungen, fiese Spitznamen oder Schimpfwörter zu, andere schauten sie einfach nur mitleidig an. Am schlimmsten waren aber die, welche sie hinterhältig herumschubsten, kniffen oder ihre Stifte kaputtmachten und ihr Tagebuch zerstört hatten. Jede dieser Aktionen hatte das gleiche Ziel, nämlich sie zu schikanieren, und sie verfehlten ihre Wirkung nicht. Jedes Wort traf Emma wie ein Pfeil im Herzen. So schlich sie auch an diesem Abend mit hängendem Kopf nach Hause. Zum Glück begannen am nächsten Tag die Schulferien.

Zwei Wochen später stand Emma vor ihrem Kleiderschrank zu Hause. Anstatt zu ihren üblichen, viel zu großen Pullovern zu greifen, zog sie sich lockere Jeans und eine neue Bluse an, die sie sich für den besonderen Anlass genäht hatte. Dazu band sie sich die Haare zu einem hohen Pferdeschwanz zurück und blieb dann vor dem Spiegel stehen, um ihren neuen Look in ihr Leben willkommen zu heißen. Emma hatte sich nämlich in den Ferien sehr verändert. Man erkannte sie fast nicht mehr. Sie hatte ihr Aussehen so verändert, dass sie auffiel und sich nicht mehr verstecken konnte. Sie fühlte sich noch etwas unbeschützt, doch sie schob diesen Gedanken schnell weg und setzte ein Lächeln auf. Sie wollte sich nicht mehr unterkriegen lassen, das hatte sie in den Ferien beschlossen.

Wenig später tauchte Emma so in der Schule auf. Sie straffte ihre Schultern und stieß die Eingangstüre auf. Niemand achtete auf sie und das war ihr gerade recht. Wie erwartet fiel wieder ein Haufen Zettelchen auf den Boden, als sie ihr Schließfach öffnete. Sie nahm sich aber zusammen, atmete tief ein und sammelte die Papiere vom Boden auf. Dann zog sie einen Stift aus ihrer Tasche und begann, die verschiedenen Kommentare auf ihre Art und Weise zu ergänzen.

Jede Beleidigung erhielt so etwas Witziges oder Besonderes. Dann klebte sie die Zettelchen an die Schließfachtür und betrachtete ihr Werk. Als sie den Schulkorridor in Richtung Klassenzimmer verließ, grinste sie von Ohr zu Ohr.

Zwischen den Schulstunden konnte sie es aber nicht lassen, immer wieder einen Blick auf ihr Schließfach zu erhaschen, und jedes Mal sah sie eine kleine Traube von Schülern davorstehen, die neugierig auf die Zettel starrten. Die Nachricht von ihrem besonderen Schließfach verbreitete sich schnell und es wurde zum Tagesthema in den Gesprächen der Schüler. Als sie dann nach Schulschluss die Bücher wieder an ihren Platz stellte, spürte sie die Blicke der spottenden Mädchenclique in ihrem Rücken. Sie beachtete sie nicht weiter, bereitete sich aber im Stillen auf ihre Reaktion vor. Es geschah aber nichts und sie gelang sicher nach Hause.

Als sie am nächsten Morgen die Schule wieder betrat, blieb sie so abrupt stehen, dass jemand gegen ihren Rücken stieß. Der Flur war nicht mehr zu erkennen. Ein leiser Schluchzer entwich ihr und sie schlug hastig die Hand über den Mund. Es war nicht zu fassen. Jedes einzelne Schließfach war wie verzaubert. Reihen von mit Tüll oder Farben verzierten Meisterwerken schmiegten sich der kahlen Wand entlang. Jedes Schließfach hatte etwas Besonderes an sich. Man sah weise Sprüche, Sterne und sogar einen Spiegel.

„Hey, pass doch auf!", brummte jemand hinter ihr.

Emma zuckte zusammen und drehte sich Olivia zu, die von hinten auf sie herabschaute. Mit einem Schlag erwachte sie aus ihrer Träumerei, starrte Olivia wortlos an und waffnete sich innerlich gegen die kommende Beleidigung.

Doch es kam nichts. Stattdessen begannen die Schüler hinter Emma im Flur plötzlich alle zu klatschen. Emma schaute sich verwirrt um. Da trat der Direktor persönlich zwischen den Schülern hervor.

„Wir möchten uns bei dir für die gute Idee bedanken, Emma!", sagte er. „Und wir gratulieren dir!"

Emma verstand nur noch Bahnhof. „Wie bitte?", fragte sie.

„Na, wir haben dein Fach gesehen und auch den Beitrag auf Tik-Tok. Der ist viral gegangen. Viele Eltern haben uns vor Freude viel Geld für die Schule geschickt, aber du sollst auch deinen Teil davon bekommen. Hier habe ich dir dein sämtliches Schulmaterial ersetzt und neu gekauft." Emma konnte ihr Glück kaum fassen. Sie bekam eine strahlend neue Tasche, Bücher ohne Eselsohren, weiche, moderne Stifte und Hefte mit schönem Einband. So etwas hatte sie schon lange nicht mehr in ihrer Hand gehabt.

Aber wisst ihr, was das Beste ist? Emma fand viele neue Freunde und die Mädchenclique um Olivia löste sich schon sehr bald auf. Allerdings bleibt bis heute ein Geheimnis, wer den Film des Schließfaches auf TikTok gestellt hat. Ich vermute mal, der Hauswart, denn er ertrug kein Mobbing an seiner Schule.

Schaked Rachel Rotkop ist 13 Jahre alt und lebt mit ihrer Mutter in Israel. Sie besucht die 8. Klasse und liebt es, ihre Freizeit mit Pferden zu verbringen, auf dem Cello zu spielen, sich in Bücher zu vertiefen und Geschichten zu schreiben.

Klassenfahrt mit Chaos

Ein normaler Schultag. Oder auch nicht. Heute war der erste Tag unserer Klassenfahrt. Ein Tag, den ich nie vergessen werde, da sehr vieles schiefgelaufen ist. Wir gingen mit unseren Koffern in den Zug zu unserem Reiseziel. Wie es bei uns normal ist, wurden unsere Koffer abgeholt und wir mussten noch wandern gehen. Da wir an einem See wandern waren, war die Aussicht auf dem Wanderweg wie ein Traum. Da ich eine sehr sportliche Person bin, lief ich schnell und meine beste Freundin war mehr in der hinteren Gruppe. In diesem Alter waren wir vier Klassen. Meine Klasse war die älteste und es gab dann noch die jüngste Klasse, wo fast nur so kleine und eher langsamere Leute waren. Dies machte unseren Zeitplan schwierig, da wir noch ein Schiff über den See nehmen mussten.

Am Hafen angekommen, war das Schiff weg und wir mussten auf das nächste warten. In dieser Zeit bekamen wir ein Eis und unsere Lehrerin versuchte, uns neue Tickets zu kaufen oder umzuwechseln. Leider funktionierte dies nicht so ganz und die am Telefon sagten, dass wir einfach schwarzfahren sollten. Was wir gemacht haben. Zum Glück sind wir nicht erwischt worden, aber dies wurde sehr knapp, da eine Person unsere Lehrerin auf dem Schiff fragte, ob wir wirklich schwarzfahren würden.

Na ja, wir wurden jedoch nicht erwischt und sind heil angekommen. Nur war das ein großartiges Erlebnis für mein zehnjähriges Ich. Auf dem Weg haben wir dann auch noch eine giftige Schlange gesehen und ein Hut wurde vom Schiff heruntergeschleudert.

Sara Rhyner

Schulgeschichten 2.0 aus Peru

Schülerinnen und Schüler der

Beata Imelda Schule in Chosica / Peru

Die Veränderung
an einem Tag

Nach langer Zeit hat die Schule für die Jugendlichen wieder angefangen. Die Schüler mögen die Schule, insbesondere Mathematik, aber noch lieber mögen sie Fußball, weil die Jugendlichen einen großen Fußballplatz haben, wo sie Fußball spielen können.

Ein Junge heißt Patrick und er liest sehr gerne. Er liebt Bücher, weil sein Vater viel liest. Deshalb möchte Patrick in die Bibliothek gehen, aber auch mit seinen Freunden in der Pause Fußball spielen. Leider hat der Junge nicht genug Freunde, um in einer Gruppe Fußball zu spielen. Weil er nicht so viele Freunde hat, möchte er neue Freunde kennenlernen.

Und Patrick spielt Basketball und Fußball mit anderen Jugendlichen und hat viele neue Freunde, mit denen er auch Fangen spielt, und das für viele Wochen. In einer Gruppe spricht er mit seinen Freunden über das Spiel.

Mateo Francesco Torrejón Gonzales: Ich heiße Mateo und ich bin 13 Jahre alt. Ich komme aus Peru und ich wohne in Chosica. Ich mag gerne Fußball spielen und Mathematik. Meine Hobbys sind Schwimmen und Videospiele spielen.

Der Junge
von den Gängen

Ein Junge rennt durch die Gänge der Beata-Imelda-Schule. *Er* kam dem Jungen immer näher. „Er wird mich erwischen", war der Satz, der im Kopf des Kindes widerhallte. Wegen der Dunkelheit der Nacht wusste das Kind nicht einmal, in welchem Teil der Schule es sich befand, ob im Auditorium oder im Klassenzimmer 234.

Langsam wurde der Junge müde und *er* holte ihn langsam ein. Dann fand er eine Tür. Als er eintrat, bemerkte er, dass es sich um eine Toilette handelte. Er sah sich um, strengte seine Augen an und bemerkte, dass er in der Toilette neben Raum 5C war. Er betrat so schnell wie möglich die Toilette und eine der Kabinen und schloss sie ab.

Für zehn Sekunden herrschte absolute Stille, bis *er* mit Schritten, die durch die Wasserpfützen im gesamten Badezimmer widerhallen, ins Badezimmer kam. Während *er* durch die Toilette schlenderte, lag das Kind zusammengerollt im Badezimmer. *Er* hatte bereits aufgegeben (oder es schien so), er näherte sich bereits der Tür.

Criiiii, ertönte etwas, es war das Schloss des Badezimmers, das sich langsam öffnete. Als die Tür gerade geöffnet war, schaute *er* hinein und sah ein Kind mit Tränen in den Augen. *Er* kam näher und ...

„Nordeus, aufstehen, wir sind angekommen", sagt die Mutter.

Das Wetter ist kalt und der Himmel ist dunkel, heute ist die Lesenacht. Dieses Jahr, so sagte der Direktor, würden viele Klassen eine schöne Lesenacht haben.

Nordeus steigt aus dem Auto aus und sagt: „Okay, Mutter."

Im Klassenzimmer trifft Nordeus seine Klassenkameraden und es ist sehr lustig mit Herrn Maguisa. Der beste Freund von Nordeus, Markus, kommt nicht zur Schule.

„Liebe Kinder, die Lesenacht beginnt jetzt", sagt Herr Maguisa. Unter einem dunklen Himmel macht die Klasse von Nordeus viele Aktivitäten, zum Beispiel: lesen, hören und schlafen. Während die anderen Klassen viele lustige Aktivitäten machen, zum Beispiel UNO spielen, schlafen, Fußball spielen, Musik hören und einen Film sehen.

In einem Moment denkt Nordeus, dass jeder schläft, aber der Einzige, der schläft, ist Herr Maguisa. Nordeus ist langweilig. Er weckt Herrn Maguisa mit einem Schrei, dieser Schrei hallt durch die Wände der Schule. Dadurch wachen die Kinder vom Kindergarten auf und fangen an zu weinen.

„Darf ich zur Toilette gehen? Bitte?", fragt Nordeus.

„Ja, ja. Jetzt lass mich schlafen", antwortet Herr Maguisa.

Auf dem Weg zur Toilette trifft Nordeus seinen besten Freund Markus. Er ist gerade zur Schule gekommen.

„Markus, komm mit auf die Toilette. Ich muss dir was sagen", sagt Nordeus.

„Nein, es ist zu sehr dunkel und ich muss in das Klassenzimmer", antwortet Markus.

„Bitte", bittet Nordeus.

„Nein", sagt Markus.

Nordeus muss alleine auf die Toilette, aber er hat auch Angst, allein auf die Toilette zu gehen, und zwar aus zwei Gründen: Er fühlte sich beobachtet und die Angst vor dem Dunkeln.

Vor 10 Jahren: Die Mutter von Nordeus hat ihm gesagt, wenn er nachts Angst habe, solle er in ihr Zimmer gehen. Nordeus hatte in dieser Nacht einen Albtraum. Als er aufwachte, rannte er in das Zimmer der Mutter. *Pum, pum, pum.* Es klopfte an der Tür. Nordeus hatte Angst, viel Angst. Zum Schluss hat Nordeus an einer Wand geschlafen – mit der Dunkelheit, die ihn verfolgte.

Während er über diesen Vorfall nachdenkt, geht er unwissentlich auf die Toilette. Der Boden ist nass, als Nordeus geht, man hört jeden Schritt, den er macht. Nach dem Pinkeln, als Nordeus aus der Toilette kommt, findet er eine kleine Kiste. Er näherte sich der Kiste und öffnete sie. Es passiert nichts. Nordeus will schon gehen, aber der Boden fängt an zu zittern. Es klingt, als würden die Spiegel wackeln. In einem Moment – wie durch Zauberei.

„Hallo, mein Freund Nordeus ..."

„Was zum Teufel ...", denkt Nordeus, diese Stimme kommt aus irgendeinem Teil des Badezimmers, aber er weiß nicht, aus welchem Teil. Nordeus will aus der Toilette rennen, aber seine Füße lassen ihn nicht los. Ein Geist kommt aus dem Rohr des Waschbeckens, er sieht aus wie ein Kind.

„Wie heißt du?", fragt Nordeus.

„Ich heiße Edward", antwortet der Geist.

„Weil du durchsichtig bist?", will Nordeus wissen.

Der Geist antwortet nicht.

„Was ist los?", fragt Nordeus.

Der junge Geist fängt an, Nordeus mit einem traurigen Gesicht anzuschauen, als ob er Nordeus für alles verantwortlich machen würde. Als Nordeus zum zweiten Mal versucht, aus der Toilette zu fliehen, antwortet der Geist schließlich.

„Ich bin zum Leben verdammt", sagt der Geist.

„Ahhh ...", ruft Nordeus.

„Aber wenn du etwas tust, könnte ich frei sein", spricht der Geist.

„Armer Junge", denkt Nordeus. Er hat Mitleid mit dem Geist, also beschließt er, auf ihn zu hören. „Was soll ich tun?", fragt er.

„Gib mir deine Seele", fordert der Geist.

Nordeus kann endlich seine Beine bewegen, ändert die Richtung seines Körpers und rennt durch die Gänge. Die Schatten der Flure bilden verschiedene Sätze und Formen an den Wänden, es erscheinen Sätze wie zum Beispiel: *Rennen ist sehr lustig.*

Zum Schluss kommt Nordeus im Klassenzimmer an. Alle Personen schlafen. Er legt sich auf die Decke und blinzelt. „Alles war ein Traum", denkt er, aber ein Schrei ist in den Gängen zu hören.

Alle in der Schule wachen auf, man hört ein Murmeln in der Schule. Schließlich werden alle aus der Schule evakuiert. Bevor Nordeus geht, packt ihn Herr Maguisa bei der Schulter und fragt ihn mit trockener Stimme: „Was machst du?"

In seinem Bett denkt Nordeus kurz an das, was in der Schule geschehen ist. Er schläft, aber erwacht im Traum. Er wacht vor einer Tür auf, die neben dem Basketballplatz ist. Er öffnete die Tür und sieht eine Treppe hinunter zu einem dunklen Ort, wo er noch nie gewesen ist. Sein Instinkt treibt ihn runter. Geräusche sind zu hören, darunter Kinderschreie und metallische Geräusche.

Als Nordeus näher kommt, sieht er eine Schachtel, legt sein Ohr neben eine von ihnen und hört eine Stimme, die deutlich ruft: „Hilfe!" Danach taucht die Stimme in der Toilette von der Schule auf – in der Toilette, von der er geträumt hatte, bevor er zur Lesenacht kam. Der Geist ist auch dort.

„Ich wurde von *ihm* in diesem Bad erwischt. Er sagte, um den Fluch loszuwerden, müsste ich einen Verwandten fangen. Ich habe es nie geschafft", erklärt der Geist.

„Warum folgst du mir dann?", fragt Nordeus.

„Du bist eine Person meiner Familie, du bist mein Enkel", spricht der Geist.

Heute ist das Laternenfest in der Schule, es ist Morgen, Nordeus schwitzt. Den ganzen Tag denkt Nordeus an den Traum von gestern. Es ist eine Stunde vor dem Laternenfest. Nordeus steigt mit seiner Mutter und seiner Schwester aus dem Wagen und ist entschlossen, das Problem zu beenden, das er hatte. Er ruft Markus an, damit der ihm bei seinem Plan hilft.

Die zwei Jungen treffen sich im Klassenzimmer 234. Nachdem Nordeus Markus von dem Plan erzählt hat, geht Markus schnell und ängstlich in den Keller neben dem Basketballplatz.

Der Plan hat begonnen, beide wissen um das Ziel, den Geist zurück in die Kiste zu bringen. Während Nordeus in der Toilette ist, in der alles geschah, beginnt er, eine Stimme zu hören, die überall ist. Einem Moment später steht der junge Geist vor Nordeus.

Der Kindergarten beginnt zu singen, alle Kinder singen zur gleichen Zeit in perfekter Koordination.

„Hallo", sagt Nordeus.

„Hallo. Sind Sie bereit?", fragt der Geist.

„Ja", sagt Nordeus.

Dann rennt Nordeus durch die Gänge für fünf Minuten. Nordeus und der Geist fühlen die Erbschaft.

„Schnell, Markus", sagt Nordeus in seinem Kopf.

Irgendwann erwischt der Geist Nordeus, er hat eine Gänsehaut, der Geist lächelte einfach. Aber nach und nach wird die Gegenwart des Geistes schwächer ... etwas passierte.

„Die Kiste!"

Der Plan von Nordeus ist, dass Markus die Kisten freilässt, während er den Geist ablenkt. Nordeus weiß nicht, ob es funktionieren wird. Er nutzt seine Intuition. Der Geist rennt in den Keller, während Nordeus versucht, ihn aufzuhalten.

Als der Geist und Nordeus zusammen dort ankommen, sehen sie, wie Markus auf dem Boden zerschmettert wird. Der Geist des Jungen ist nur noch Rauch.

„Hallo, Markus", sagt Nordeus.

In diesem Moment befindet sich der Geist im Keller, wo er verschwunden ist, und wartet darauf, dass jemand die Tür öffnet, um für sich Energie aus der Welt zurückzugewinnen.

Jose Fabrizzio López Quispialaya: Hallo, ich heiße Fabrizzio und ich bin 14 Jahre alt. Ich komme aus Peru und wohne in Chaclacayo. Meine Lieblingsfarbe ist Grün. Meine Hobbys sind Fußball, Videospiele und Lesen. Ich habe eine Familie mit fünf Personen: meine Mutter, meinen Vater, meine kleine Schwester und meine große Schwester.

Ein abenteuerlicher Wandertag

Eine Million Kilometer von Deutschland entfernt liegt Peru – und in Peru gibt es eine Schule, diese Schule heißt Beata Imelda. In der Beata Imelda Schule geht im Monat September eine Klasse auf einen Wandertag. Die Kinder freuen sich auf diesen Wandertag, aber Alan erzählt seiner Mutter: „Mama, das Museum ist sehr langweilig."

„Nein, es macht Spaß, das Museum. Auch Martina kommt mit zu diesem Wandertag", antwortet die Mutter.

„Okay …"

An diesem Tag gehen sie in das Museum, die Kinder hatten die Rucksäcke gepackt. Die Kinder laufen auf den Sportplatz, Alan und Martina sprechen und Antonia spielt mit ihrer Freundin. Der Lehrer Herr Liam ruft den Schülern zu: „Kommt her, Schüler."

Die Schüler gehorchen dem Lehrer und der ruft die Klassenliste auf, um zu sehen, ob jemand fehlt. Dann gibt Herr Liam den Schülern Anweisungen, Frau Liss und Herr Noah halten nun die Rucksäcke. Die Kinder stiegen in den Bus ein. Während die Kinder einsteigen, sprechen die Lehrer über die Geschichte von Peru. Den Kindern ist langweilig, manche schlafen und andere reden. Antonia sitzt neben Martina, da sie in der Schule nicht miteinander gesprochen hatten. Deshalb weiß Antonia nicht, was sie sagen soll.

Martina stellt sich Antonia vor: „Hallo … Ich heiße Martina, und du?"

Antonia antwortet: „Guten Morgen. Ich heiße Antonia. Ich denke, wir sind im gleichen Unterricht."

„Ja, ich habe dich ein paarmal gesehen", erwidert Martina.

„Ich dich auch, ich habe dich mit Alan gesehen. Ihr seid Freunde, oder?", fragt Antonia.

„Ja, Alan ist mein Freund", antwortet Martina.

Sie sprechen eine lange Zeit, während Alan schläft.

Bei ihrer Ankunft überreichen die Lehrer jedem eine Eintrittskarte. Als sie im Museum ankommen, erzählt Alan Herr Noah, dass er sein Ticket im Bus vergessen hat, und Herr Noah fordert ihn auf, schnell zurückzugehen. Alan fragt Martina, ob sie ihn begleiten möchte und Martina akzeptiert, aber Martina lädt auch Antonia dazu ein. Antonia akzeptiert die Einladung und sie kommen dort an, wo der Bus stand, aber der ist bereits weggefahren. Sie laufen schnell hinterher, aber sie schafften es nicht. Martina sagt: „Alan, Antonia, ich glaube, wir haben uns verlaufen."

Alan und Antonia schauen sich um. Alan ist ängstlich.

Ein Mann kommt und fragt: „Habt ihr euch verlaufen?"

Alan antwortet: „Ja, kannst du uns helfen?"

„Okay, aber ihr müsst 50 Soles bezahlen", sagt der Mann.

Alan: „Nein, ich habe kein Geld", meint Alan.

Antonia und Martina sagen gleichzeitig: „Alan, ich habe Geld."

„Okay, wie viel habt ihr?", fragt Alan.

„Ich habe zwölf Soles", erwidert Martina.

„Und ich habe zehn Soles", fügt Antonia hinzu.

„Insgesamt haben wir 22 Soles. Herr, 22 Soles, reicht das?", fragt Alan.

Der Mann antwortet: „Okay …, und wohin wollt ihr gehen?"

Sie erklären ihm, dass sie zum Bus müssen und dann zum Museum.

Der Mann stellt sich den Kindern vor. „Kinder, ich heiße Emil und ich komme aus Deutschland, ihr heißt Antonia, Martina und Alan, richtig?"

„Ja, das sind unsere Namen", antwortet Antonia.

Währenddessen sind die Lehrer im Museum … Herr Liam fragt: „Frau Liss, Herr Noah, wo sind Antonia, Martina und Alan? Ich sehe sie nicht."

„Alan ging zum Bus, aber er sollte schon wieder hier sein", gibt Herr Noah als Antwort.

Frau Liss fügt hinzu: „Ich habe gesehen, dass Martina und Antonia Alan gefolgt sind, aber ich dachte, Herr Noah hätte ihnen die Erlaubnis gegeben."

Die Lehrer sind verzweifelt. „Wir haben die Kinder verloren!"

Währenddessen spricht Emil mit einem Taxifahrer und er sagt die Adresse des Ortes. Der Fahrer fährt zum Parkplatz des Busses. Der

Fahrer kommt am Ort an, Emil zahlt dem Fahrer 18 Soles, weil der Ort so weit weg war. Antonia sagt, der Bus ist weiß, groß und hat zwei Linien: grau und rot.

Seit diesem Moment sucht Frau Liss die Kinder, während Herr Noah und Herr Liam sich um die anderen Kinder kümmern. In der Zwischenzeit finden die drei Kinder mit Emil den Bus, aber der Busfahrer ist nicht da. Emil geht ins Restaurant, Martina, Antonia und Alan sind frustriert, aber Emil ist es nicht. Sie warten auf Emil, aber sie schlafen ein. Glücklicherweise weckt der Fahrer sie und teilt ihnen mit, dass sie aufpassen müssten, da ihnen sonst etwas zustoßen könnte.

„Ja, diese Kinder sind auf einem Wandertag und das ist ihr Bus", sagt Emil schließlich.

„Mein Ticket ist im Bus", erklärt Alan.

„Oh, okay, aber ich sehe dein Ticket nicht", antwortet Emil.

Alan sucht sein Ticket und erkennt, dass es nicht da ist. Das Kind ist traurig und verärgert.

„Ich bringe euch wieder ins Museum", sagt Emil.

Der Busfahrer fährt mit den Kindern ins Museum, aber inzwischen ist Frau Liss bereits auf dem Weg zu den Kindern.

Antonia sieht sie zuerst. „Stop, stop … Da ist Frau Liss."

Der Fahrer stoppt und die Kinder rufen die Lehrerin. Frau Liss sieht die Kinder und geht schnell ihnen. Der Bus bringt sie ins Museum und die Kinder haben viele Fragen, aber mehr Fragen haben die anderen: „Warum seid ihr weggegangen?"

Martina erzählt es ihnen und Herr Noah sagt: „Ihr könnt nun in das Museum gehen." Und zu Emil sagt er: „Sie können auch ins Museum gehen, vielen Dank." Die Kinder gehen mit Emil und Emil erfährt, dass er nun jeden ersten Sonntag im Monat in ganz Peru kostenlos in ein Museum gehen kann. Das Ende eines Abenteuers …

Luhana Arleth Lázaro Gallo: Ich heiße Luhana und ich bin 13 Jahre alt. Ich wohne in Huampani und ich komme aus Peru. Meine Hobbys sind Basketball spielen, Basteln, Schwimmen, Lesen, Serien schauen, Musik hören, Klavier spielen und Reisen. Ich lese gerne Bücher, weil man sich Dinge im Kopf vorstellen oder erschaffen kann. Meine Lieblingsbücher sind „Poe" und „La habitación roja."

Der wunderschöne Herr Bagamann

Alles beginnt 2021. Herr Bagamann unterrichtet die fünfte Klasse an einer deutschen Schule in Peru. Meine Klasse kennt Herr Bagamann aus dem letzten Schuljahr. Er ist sehr witzig und freundlich. Er trainiert mit Herrn Cabelloa jeden Tag im Fitnessstudio. Sie sind sehr stark und er ist zwei Meter groß.

Herr Bagamann fragt: „Herr Cabelloa, kannst du dieses Gewicht heben?"

Herr Cabelloa antwortet: „Klar, aber wie schwer ist das?"

„150 Kilogramm."

Herr Cabelloa lacht. „Also, das ist es sehr einfach für mich."

Herr Cabelloa und Herr Bagamann sehen wie zwei Bodybuilder aus. In die Schule, Herr Bagamann ist ein Naturwissenschaftslehrer und mit Herrn Cabelloa zusammen in der Grundschule und in der Mittelstufe.

Gerade hat Herr Bagamann NaWi-Unterricht in der 5A auf Deutsch. „Hallo, liebe Kinder."

Klasse 5A antwortet: „Hallo, Herr Bagamann."

„Heute schreiben wir einen Vokabeltest", kündigt der Lehrer an.

„Nein, bitte nicht", hört man die Klasse.

Herr Bagamann sagt: „Dieser Vokabeltest ist sehr wichtig."

„Aber Cristofer ist auf der Toilette", erwidert Kristobal.

In diesem Moment kommt Cristofer hinein. „Hallo, Herr Bagamann."

„Hallo Cristofer", sagt der Lehrer.

Cristofer entschuldigt sich: „Hallo, Herr Bagamann, Entschuldigung, ich bin zu spät."

„Keine Sorge, Cristofer."

Cristofer geht zu seinem Tisch. Aber auf dem Weg stolpert er über den Fuß des Lehrers. Herr Bagamann sagt: „Cristofer, Entschuldigung!"

Cristofer spricht: „Keine Sorge, Herr Bagamann, es war witzig."
Die Klasse lacht.
Wir haben viele witzige Momente mit Herrn Bagamann. Aber eines Tages verlässt er die Schule. Eine neue Lehrerin lehrt nun in der 5A. Aber die Schüler lieben Herr Bagamann.
Pablo sagt: „Mir gefällt die neue Frau nicht, sie ist sehr schlecht."
„Ja. Herr Bagamann war der beste Lehrer", meint Oliver.
Herr Cabelloa ist traurig. Auch er vermisst Herrn Bagamann. Herr Cabelloa verlässt das Fitnessstudio.
Aber für einem Tag kehrt Herr Bagamann an die Schule zurück.
„Hallo, liebe Kinder."
Die Klasse 5A antwortet: „Hallo, Herr Bagamann."
„Lasst uns ein lustiges Spiel spielen", schlägt der Lehrer vor und alle Kinder der Klasse 5A rufen: „Yay."

Jose Carlos Guillermo Alania Inca: Hallo, ich heiße Jose Carlos Guillermo Alania Inca und ich bin 13 Jahre alt. Mein Geburtstag ist am 23. August 2010. Ich wohne in Lima, Peru. Mein Wohnort ist in Los Girasoles de Huampaní. Ich habe zwei Hobbys: Videospiele spielen und Sport machen.

NaWi mit Herrn Laolla

Ich bin ein Schüler der Beata Imelda Schule, ein wunderschöner Ort in der Welt, weil die Schule am größten ist. Aber das Jahr 2023 war ein spezielles Jahr, denn Herr Laolla hat NaWi unterrichtet und es war sehr langweilig, also war ich sehr traurig mit dieser Situation, denn NaWi war mein Lieblingsfach.

Herr Laolla war 50 Jahre alt und sehr dick und groß, er war sehr nett, aber berühmt, denn er arbeitet jeden Tag. „Guten Morgen, Kinder, heute schlafe ich im Unterricht, außerdem möchte ich essen", sagte er eines Tages.

„Aber, Herr Laolla …", begann ich.

„Essen ist das Beste der Welt und das ist hier NaWi, ja ja ja …" Herr Laolla aß nun im Unterricht und schlief, denn er hatte Depressionen. Er war ein sehr seltsamer Lehrer. Einmal hat Herr Laolla eine interessante Sache erzählt, denn ein neuer NaWi-Lehrer kommt an die Schule. Also kann er mehr im Unterricht schlafen.

Für mich war der neue Lehrer sehr wichtig. An einem Dienstag habe ich den neuen Lehrer erstmals gesehen, er war sehr groß. Danach war ich glücklich, denn er hat mit Herrn Laolla NaWi unterrichtet. Es war Herr Mansito, ein deutscher Lehrer.

„Hallo! Heute lernen wir alle NaWi", sagte er zur Begrüßung.

„Ja!", rief ich.

Und meine Freunde riefen auch: „Ja!"

Herr Laolla meinte dann: „Und ich esse ein Brot."

Herr Mansito sagte: „Alle singen, alle singen: NaWi! NaWi!"

„NaWi! NaWi!", wiederholte ich.

Herr Mansito war eine wunderschöne Person und immer sehr glücklich, also lernte ich viel über Biologie, die Prokaryoten und vieles mehr. Aber einmal war Herr Mansito in der Schule traurig. „Mein Leben ist traurig, meine Mutter ist krank in Deutschland", sagte er.

„Das ist traurig", entgegnete Herr Laolla.

Herr Mansito fuhr fort: „Ich werde nach Deutschland reisen."
„Alles ist langweilig, die Kinder werden sehr traurig sein", sagte
Herr Laolla.
Meine Freunde waren sehr traurig und weinten jeden Tag. Herr
Mansito war sehr schön für unser Leben. Also, dann kam eine neue
Lehrerin nach Peru, sie half Herrn Laolla: Frau Yupi, die strengste
Person der Welt.
„Guten Morgen, Frau Yupi", grüßte ich sie.
Frau Yupi antwortete: „Nein, nein, nein, nein, nein, nein, nein,
nein, nein, nein, nein, nein, nein, nein, nein, nein, nein, nein, nein,
nein, nein."
„Frau Yupi, heute ist viel Aufregung und Stress, nicht wahr?", frag-
te Herr Laolla.
„Ja, das stimmt, alles ist stressig", sagte Frau Yupi und ging. Wenige
Tage später verlässt sie Peru, aber eine neue Frau kam nach Peru –
Frau Dibre. Frau Dibre war eine Person um die 60 Jahre, eine Kunst-
lehrerin und vieles mehr, eine wunderschöne und besondere Person.
Frau Dibre sprach: „Das Leben ist Freiheit und alles ist schön. Alle
Personen sind einzigartig und besonders. NaWi ist ein tolles Fach
und jeder ist ein Teil von NaWi. Die Welt ist NaWi."
Meine Freunde begrüßten sie: „Hallo, Frau Dibre."
Frau Dibre sagte: „Guten Morgen, liebe Kinder. Ich bin eine gute
Person, alle sind gute Personen, aber alle haben gute Seiten und häss-
liche Seiten."
Meine Freunde fragten: „Heute ist Unterricht, oder?"
Frau Dibre antwortete: „Ja, über das Leben, denn ich kenne die
Welt, alle Kontinente, es gibt viele Personen und alle sind besonders,
dies ist meine Vorstellung über das Thema."
Ich rief: „Ja!"
Frau Dibre war die beste Lehrerin, denn sie war immer kreativ mit
allem. Sie sang Geschichten, aber Frau Dibre war auch ein Hippie,
also ging sie weiter in ein anderes Land.
Meine Freunde waren traurig. „Herr Mansito und Frau Dibre sind
nicht mehr an der Schule, Herr Laolla ist ein schlechter Lehrer."
Herr Laolla sagte: „Ich bin ein guter Lehrer."
Meine Freunde antworteten: „Nein."
Dann hatte Herr Laolla ein Gespräch und hat schließlich über sei-
nen Unterricht nachgedacht und ihn verbessert.

Am Montag darauf hatte Herr Laolla ein Sport-Shirt und eine kurze Hose an, außerdem er war glücklich. „Wir gehen alle um ein Uhr laufen, damit wir alle glücklich im Unterricht sind", sagte er.
„Ja!", riefen wir.
Also gingen wir glücklich laufen, denn Herr Laolla hatte seine Persönlichkeit verändert.

Nun ist Herr Laolla ein wunderschöner Lehrer, der beste Lehrer, denn er ist sportlich, ein guter Lehrer und es ist nicht wichtig, dass er im Unterricht schläft. Ich lerne gut und viel im NaWi-Unterricht in dieser Schule Beata Imelda.

Cristóbal Gonzalo Suárez Altamirano: Ich heiße Cristóbal und bin 13 Jahre alt, ich wohne in Chaclacayo, einer wunderschönen Stadt in Peru. Ich lebe mit meiner Mutter, meinem Vater, meiner Oma und meinem intelligenten Opa. Mein Lieblingshobby ist Theater spielen und schreiben auf Spanisch. Ich bin gut in meinen Talenten und sehr kreativ. In der Schule bin ich am besten in Spanisch und mag Mathematik nicht so gerne.

Ende

Wie ich ein Schulkind wurde

Hallo! Ich bin Elisa, mittlerweile sieben Jahre alt, 132 Zentimeter hoch gewachsen, goldene lange Haare auf dem Kopf, blaue Augen und Sommersprossen im Gesicht. Für mein Alter bin ich ziemlich groß. Eigentlich heiße ich Elisabeth Maria-Theresia, aber die meisten nennen mich einfach nur Elisa, Lisa, Elli oder Sisi, was natürlich Zeit spart. Seit September bin ich Schülerin in der Klasse 1c in der Grundschule Sandbach in Niederbayern, in der Nähe meiner geliebten Stadt Passau. Heute erzähle ich euch meine ganz persönliche Geschichte, wie ich mich über Nacht von einem Kindergartenkind zu einem Schulkind verwandelt habe. Es geht um Vorfreude, Ängste, Neugier und ganz viel Aufregung vor dem NEUEN Lebensabschnitt Schule.

Bereits im Februar, also schon über ein halbes Jahr zuvor, wurde meine Mama nervös. Von allen Seiten wurde ich gefragt, ob ich mich denn schon auf die Schule freuen würde?! Viele Vorschulkinder waren bereits jetzt schon um eine Schulausrüstung, die da aus Schulranzen, Turnsäckchen, Federmäppchen, Brotzeitbox, Trinkflasche und natürlich aus einer Schul- beziehungsweise Zuckertüte bestand, reicher. Dinos, Einhörner, Pferde und Schmetterlinge standen auf der Rangliste an Motiven der Schulutensilien ganz oben. Also mussten wir uns natürlich auch darum kümmern, nicht dass wir am Ende OHNE dastehen würden.

Gesagt, getan …

Im ersten Laden, der auf Schulranzen spezialisiert war, hatte man irgendwie das Gefühl, zum Kauf gezwungen zu werden. Den Satz: „Welcher Ranzen darf mit dir zur Schule gehen?", werden Mama und ich nie mehr vergessen. Mich hat keiner hundertprozentig angesprochen, obwohl viele schöne Schultaschen dabei waren. Kurzum, wir kamen OHNE heim.

An einem Samstag war es, wir hatten nicht vor, etwas für die Schule zu kaufen …, da passierte es. Da war er! Mein Schulranzen, der mit mir zur Schule gehen darf! ROT, RÖTER, am RÖTESTEN und mit Stern! Wow … Der war es! Meine Eltern haben sich mit mir gefreut. Oma Lisa wollte mein Schmuckstück mit Zubehör unbedingt bezahlen. „Für den Schulanfang", sagte sie.

Ich war so stolz, als die nette Verkäuferin mir alles erklärte und ich meinen roten Traumranzen auf dem Rücken trug. Ein SUPER GE-FÜHL! Schule, ich komme! Mama hatte nasse Augen.

Die passende Schultüte dazu bastelte mir meine Mama selbst. 1000 Dank, Mami!

So, jetzt fehlte nur noch ein Kleid zur Einschulung, rot sollte es sein – und wurde es dann auch! Ich freute mich schon so, aber schaffe ich das ALLES?

Würde es so viel anders sein als im Kindergarten? Waren meine Lehrer nett? Wie würden meine Mitschüler sich verhalten? Würde ich den ganzen Tag lernen müssen?

Die Zeit verging so schnell. Der Abschlussgottesdienst im Kindergarten war schon etwas traurig. Viele Eltern hatten Tränen im Gesicht, als wir das Lied *Ade, du schöne Kindergartenzeit* sangen. Und die Kindergartenzeit war vorbei!

Hefte, Stifte, Kleber, Schere, Mappen … Mama hatte noch letzte Besorgungen von der Liste der Grundschule gemacht. Die wunderschönen Sommerferien neigten sich dem Ende zu. Und er war da! Mein erster Schultag stand auf dem Programm. Aufstehen, der Wecker hatte geklingelt. Schnell, ab ins Bad und dann rein ins rote Kleid. Auf dem Frühstückstisch, der schön gedeckt war, stand eine tolle Torte, eine Tafel mit der Aufschrift *Mein 1. Schultag*, es gab Luftschlangen, Luftballons und Geschenke. Leider hatten wir keine Zeit mehr zum Auspacken.

Mit Schulranzen und natürlich mit der gefüllten Schultüte bepackt ging es nun mit dem Auto zu meinem neuen Lebenskapitel. Begleitet wurde ich von Papi, Mami, Oma und Opa. Nach einer kurzen Fahrt waren wir auch schon am Ziel. Da stand sie, meine Grundschule. Meine Lehrerin war supernett, sie hat sich gleich um uns Neuankömmlinge gekümmert. Meine Mitschüler waren alle schwer in Ordnung. Einige kannte ich ja schon aus dem Kindergarten. Meine Schultüte war richtig schwer und prall gefüllt. Am meisten freute ich mich über meine neue, rote Armbanduhr. Der Schulgottesdienst war schön und die ganze Grundschule stand Spalier und klatschte, bis wir Erstklässler im Schulhaus waren. Unser Klassenzimmer war recht schön, man fühlte sich gleich wohl. Ich schnappte mir einen Platz in der ersten Reihe neben meinen Freundinnen Julia und Luisa. Meine vorherigen Ängste und Zweifel waren alle unbegründet. Schule macht richtig Spaß! Hurra! Jetzt bin ich groß – ich bin ein richtiges Schulkind!

*Mein Name ist **Elisabeth Maria-Theresia Weitl**, ich bin 7 Jahre jung und wurde am 11. Dezember 2016 in der wunderschönen Dreiflüssestadt Passau geboren. Momentan besuche ich die 1. Klasse der Grundschule im gemütlichen Niederbayern. Wenn ich gerade nicht in der Schule bin, lese, male, tanze, singe und fotografiere ich sehr gerne. Ich liebe Tiere und die Natur. Mit vier Jahren habe ich mein erstes Bilderbuch gebastelt beziehungsweise gemalt.*

Der Turnwettbewerb

Es war ein ganz normaler Herbsttag an der Martinsschule. Vanessa aber war aufgeregt, denn sie machte bei einem Turnwettbewerb mit. Sie war richtig nervös! Vanessa ging in die 5a mit ihrer BESTEN Freundin Sarah. Sie nahm auch bei dem Wettbewerb teil.

Sarah fragte Vanessa: „Bist du auch so aufgeregt wie ich?"

„Nicht, wenn du so aufgeregt bist wie ich!", antwortete Vanessa.

Sarah lachte: „Also, wollen wir uns was zu essen holen?"

„Weiß nicht", meinte Vanessa. „In einer Schulstunde ist ja schon der Wettbewerb."

Dann gingen sie in den Unterricht. Ihre Klassenlehrerinnen waren Frau Schwarz und Frau Morgenstern. Jetzt hatten sie erst mal Mathematik. Vanessa liebte Mathe, Sarah hingegen gar nicht. Im Moment unterrichtete Frau Morgenstern.

„Vanessa, kannst du uns bitte die Antwort auf Aufgabe sechs vorlesen?", fragte Frau Morgenstern.

„Natürlich", antwortete sie. „Die Lösung lautet 359.836."

„Das ist richtig!", bestätigte Frau Morgenstern. Dann war Mathe auch schon vorbei.

Die zwei besten Freundinnen gingen zum Wettbewerb. Als sie liefen, redeten sie über die Jury. „Es sind berühmte Turner aus dem Land da: Markus Finger, Marlene Auster, Sofie Herrmann und Thomas Bunt. Alle haben schon viele Medaillen und Pokale gewonnen." Sie waren ein großes Vorbild für Vanessa, denn sie turnte schon, als sie drei Jahre alt war! Genauso wie Vanessa turnte Sarah ebenfalls, seit sie drei Jahre alt war.

In der Turnhalle angekommen, zogen sie sich um. Anschließend gingen sie in die Halle, jedoch zu ihrer Überraschung war noch niemand da.

„Oh oh", meinte Sarah, „wir sind eine halbe Stunde zu früh!"

„Dann müssen wir halt warten", schlug Vanessa vor.

Aber dann fiel Vanessa was ein: „Wir könnten uns schon mal aufwärmen."

„Gute Idee!", behauptete Sarah.

Sie machten zehn Hampelmänner, zehn Kniebeugen und Dehnübungen. Dann kamen die Jury, die Schülerinnen und die Lehrer. Und gleich fingen auch die ersten Wettbewerbsteilnehmerinnen an. Vanessa dachte: „Die sind echt gut! Werde ich es schaffen, sie zu schlagen?"

Aber nach dem vierten Mädchen gingen plötzlich die Lichter aus. Sofie Herrmann aus der Jury rief: „Alle, die noch nicht dran waren, gehen bitte! Wir verschieben den Wettbewerb auf Freitag in einer Woche."

„Komisch", dachte sich Vanessa.

„In der Turnhalle gab es noch nie einen Stromausfall …", merkte Sarah an.

Vanessa hatte eine Idee. „Ich frag den Hausmeister, ob wir zusammen mit ihm den Stromkasten checken können. Wenn es ein Stromausfall war, dann müssen alle Knöpfe und Schalter an ihren vorherigen Plätzen sein. Wenn es aber Sabotage war, dann müssten einzelne Schalter unten und einzelne Knöpfe gedrückt sein."

„Echt schlau!", meinte Sarah.

Die beiden fragten den Hausmeister und er sagte zu. Sie checkten den Stromkasten und … tatsächlich! Einzelne Knöpfe waren gedrückt und einzelne Schalter betätigt!

„Das gibt es doch nicht!", rief Sarah, „Es war Sabotage!"

„Aber … wer würde das machen?", überlegte Vanessa.

„Ich hab's! Wir müssen herausfinden, wer es war! Mal sehen … Pia! Pia, sie war doch unsicher, sie dachte, sie würde sich blamieren! Das hat sie mir erzählt."

„Komm, wir müssen sie befragen", hetzte Sarah.

Als sie zu Pias Haus liefen, fragte Vanessa Sarah: „Wie viel Uhr ist es?"

Sarah antwortete: „18:44 Uhr."

„Oh oh, wir müssen uns schicken, denn in einer Stunde gibts bei mir Abendessen", meinte Sarah.

Als sie bei Pia ankamen, klingelten sie. *Ding, Dong!*, ertönte die Glocke. Pia öffnete die Tür und ließ sie herein.

„Also Pia, wir wollten dich fragen, ob du das Licht in der Turnhalle ausgemacht hast?", fragte Sarah, „Also … hast du es …?"

„Ja …", beichtete Pia.

„Aber warum?", fragte Vanessa.

Pia antwortete: „Ich wollte mir Zeit verschaffen, um noch zu trainieren."

„Weißt du was? Wir trainieren gemeinsam für den Wettbewerb", schlug Vanessa vor.

„Echt? Toll!", meinte Pia.

Sie trainierten Tag für Tag, bis der Wettbewerb kam. Vanessa gewann Gold, Sarah Silber und Pia Bronze. Pia war überglücklich und entschuldigte sich beim Hausmeister. Alle waren glücklich und sie wurden die besten drei Freundinnen, die man sich vorstellen kann.

Sofia Ledergos, *9 Jahre, kommt aus Nördlingen.*

Zwei Tage in Lucys Leben

Es war ein ganz normaler Morgen, der wie immer mit einem leckeren Frühstück begann. Das Frühstück bestand aus einem Marmeladen- und einem Schokoladenbrot, mit Rührei und einer Kräutermischung, die nur mein Vater zubereiten konnte.

Als ich die Treppe hinunterging, saßen meine Eltern schon am Esstisch. „Wo ist denn Maja?", fragte ich. Maja war meine kleine Schwester und erst fünf Jahre alt.

„Sie macht heute im Kindergarten einen Ausflug, weswegen ich sie früher bringen musste", antwortet meine Mutter vergnügt.

Ich aß mein Frühstück auf und ging ins Bad, um mir die Zähne zu putzen. Als ich fertig war, nahm ich meinen Ranzen und öffnete die Haustür.

„Moment, Fräulein, hast du nicht was vergessen?", fragte mein Vater streng.

Ich drehte mich zu ihm um. „Und falls wir uns nicht noch einmal sehen sollten: guten Tag, guten Abend und gute Nacht. Tschüss!", sagte ich mit einem Grinsen. Mein Vater lachte laut los. Ich schloss die Tür hinter mir und ging zur Bushaltestelle.

Der Bus hatte Verspätung, weshalb ich acht Minuten zu spät zum Mathevertretungsunterricht kam. „Entschuldigung, dass ich zu spät bin", sagte ich beschämt und setzte mich auf meinen Platz.

„Was ist der Grund für dein spätes Ankommen?", erwiderte unsere Vertretungslehrerin Frau Sternkranz.

Ich sah zu ihr hoch und antwortete „Der Bus hat sich verspätet."

„Ja ja, immer die gleiche Ausrede. Das werde ich im Klassenbuch vermerken", sagte sie mit ihrem strengen Ton, der keine Widerrede duldete. „Wie heißt du?"

„Lucy, Lucy Steinbach."

Sie schlug das Klassenbuch auf und schrieb etwas hinein. Ich hasste Frau Sternkranz – sie war so doof, so streng, ich mochte sie einfach nicht. Als Nächstes hatten wir Deutsch, eines meiner Fächer, das ich so gar nicht gut konnte.

Der Lehrer kam und setzte sich. „Heute sollt ihr versuchen, eure eigene Geschichte zu entwerfen", sagte er in einem fröhlichen Tonfall.

Na toll, ich hatte immer so gute Ideen, aber wenn es darum ging, sie zu Papier zu bringen, war ich eine echte Niete!

Als es zur großen Pause klingelte, hatte ich deshalb nur zwei Sätze geschrieben und die lauteten:

Es war einmal ein kleiner Junge. Der war ein Naturtalent.

Mein Lehrer würde sagen: „Das ist nicht gerade eine Stundenleistung."

Ich ging mit den anderen auf den Pausenhof. Dort hatte sich eine Schülertraube in der Mitte versammelt. Ich drängelte mich zwischen den Schülern hindurch und dann sah ich es: In der Mitte des Kreises prügelten sich zwei Sechstklässler, aber das war nicht das, was mich so schockte. Es waren Tobi und Niklas aus meiner Klasse!

„Was fällt euch eigentlich ein, es ist Pause und ihr kämpft hier einfach!", rief ich, so laut ich konnte, in den Kreis.

Schlagartig wurde es still. Alle Köpfe waren zu mir gewandt.

„Ihr könnt doch nicht einfach in der Pause prügeln" Ich versuchte, meinen Ärger zu unterdrücken und eher sanft zu klingen, aber es gelang mir nicht.

Noch immer bewegte sich niemand. Tobi und Niklas waren auseinandergegangen und ließen die Köpfe hängen. Jetzt taten sie einem beinahe leid. Ich wusste nicht recht, was ich sagen sollte. Plötzlich klingelte die Schulglocke und allmählich löste sich die Traube auf. Nur Tobi und Niklas blieben stehen, ich ging zu ihnen hinüber.

Da flüsterte Tobi: „Verpetzt du uns an die Lehrer?", fragte er mit einem ängstlichen, aber auch dankbaren Gesicht.

Ich machte den Mund auf, schloss ihn aber gleich wieder, um zu überlegen. „Nein, werde ich nicht. Ich sehe ja, dass ihr euch schämt und Angst habt." Damit drehte ich mich um und ging in unseren Klassenraum.

Die letzten Stunden vergingen wie im Flug. Als ich aus dem Schultor ging, wartete meine ganze Klasse dort auf mich. Komischerweise hatten sie einen Stuhl dabei. „Setzt dich auf den Stuhl, barmherzige Lucy", sagten sie im Chor und lachten.

Auch ich lachte, dennoch setzte ich mich, wie befohlen, auf den Stuhl. Den hoben sie hoch und trugen mich bis zu der Bushaltestelle, an der mein Bus abfahren sollte. Es war schön, so viel Aufmerksamkeit zu bekommen. Als ich mit dem Bus nach Hause fuhr, war ich überglücklich.

Am Abend, als ich im Bett lag, kam mein Vater zu mir rein. Ich erzählte ihm die ganze Geschichte, vom Morgen bis zum Abend. „Das ist ja toll, dass du heute so einen schönen Tag hattest, Schatz. Aber jetzt musst du schlafen." Er gab mir einen Gutenachtkuss. Ich kuschelte mich in meine Decke und mein Vater machte das Licht aus. Nach wenigen Minuten schlief ich ein.

Als ich am nächsten Morgen blinzelte, schob sich der Geruch von Rührei in meine Nase. Ich setzte mich auf und rieb mir die Augen. Wo war mein Ranzen? Ich zog mich an und ging die Treppe nach unten. Noch war niemand da! Wo waren denn alle?

„Mom, Dad, Maya?", rief ich.

„Tada!", rief Maya.

Plötzlich sprangen alle aus den Ecken und unter dem Tisch sprang Maya hervor. „Wir wollten dich erschrecken, haben wir es geschafft?", fragte meine kleine Schwester aufgeregt.

Ich antwortete lachend: „Ja, aber so richtig. Habt ihr meinen Ranzen gesehen?"

„Wir wollten dir etwas abnehmen und haben ihn dir fertig gepackt", sagt meine Mutter.

Zusammen setzten wir uns an den Tisch und aßen das fertige Frühstück. Hmmm, lecker. Anschließend ging ich ins Bad und putzte mir die Zähne. Dann nahm ich meinen Ranzen und machte die Haustür auf. Dann drehte ich mich aber wieder um.

„Und falls wir uns nicht noch einmal sehen sollten: guten Tag, guten Abend und gute Nacht." Ich grinste und diesmal war es Mama, die lachte und Maya, die verblüfft: „Was soll das denn?", fragte. Ich schloss die Tür und machte mich auf den Weg zur Bushaltestelle.

Ich stieg ein und wenig später bei der Schule wieder aus. Diesmal kam ich nicht zu spät zum Unterricht. Wir hatten Englisch mit unserer Klassenlehrerin Frau Karlson. In der ganzen Stunde sollten wir unseren Nachbarn etwas auf Englisch fragen und dieser sollte auf

Englisch antworten. Also fragte ich: „How are you?" Das heißt: „Wie geht es dir?"

Und daraufhin sagte mein Nachbar „I'm fine, thanks." Das hieß so viel wie: „Mir geht es gut, danke."

Dann war Pause und diesmal blieb mir das Streitschlichten erspart. Dafür aber passierte etwas Schreckliches. Ich ging zum Schwarzen Brett, um zu schauen, wie der Wettbewerb des schönsten Tierfotos ausgegangen war. Ich war höllisch aufgeregt, denn ich hatte auch mitgemacht.

Als ich dann vor der Tafel stand, sah ich auf dem dritten Platz ein Mädchen, das in der ausgestreckten Hand einen süßen, kleinen, weißen Hamster hielt. Als ich dann auf dem zweiten Platz einen braunen Hasen sah, war ich megastolz auf mich, denn das war mein Bild. Dann schaute ich auf den ersten Platz und erstarrte. Ich weiß nicht, warum ich erstarrte, aber ich weiß, dass auf dem Bild ein Eichhörnchen war. Dann wurde mir schwarz vor Augen.

Ich war ganz schön erschrocken, als ich später in einem unbekannten Zimmer aufwachte. Neben mir auf dem weißen Bett saßen meine Eltern und schauten mich sorgenvoll an.

„Die Ärzte sagen, du warst ohnmächtig, und sie werden dich gleich fragen, was los war – aus deiner Sicht."

Ärzte! Jetzt wusste ich, wo ich war: im Krankenhaus. Kaum hatte ich den Satz zu Ende gedacht, kam ein Mann in weißem Kittel herein. Er kam zu mir ans Bett. „Bevor du ohnmächtig wurdest, kannst du dich erinnern, was passiert ist?", fragte er mich.

„Ich habe das Bild eines Eichhörnchens gesehen", brachte ich hervor.

„Hmm, damit steht fest, was du hast. Du hast eine Eichhörnchenphobie."

Ich hatte keine Ahnung, was eine Phobie sein sollte, aber meine Mutter wurde blass, also nichts Gutes.

„Eine Phobie ist, schreckliche Angst vor etwas zu haben" beantwortete der Doktor meinen Gesichtsausdruck.

Das, was danach passierte, war nicht so wichtig. Wichtig war nur, dass, als ich wieder in die Schule konnte, mir meine Klasse im Klassenraum ein Geschenk machte. Einen Ausflug in den Zoo, und zwar ohne Eichhörnchen.

*Mein Name ist **Mathilda Müller**. Ich bin 11 Jahre alt, wohne in Stralsund im Bundesland Mecklenburg-Vorpommern an der Ostsee und gehe in die 5. Klasse. Meine Hobbys sind Malen, Flöte spielen und Geschichten schreiben.*

Auf frischer Tat ertappt

An einem schönen Sommertag spazieren Tim und Marie zur Schule. Eine halbe Stunde später kommen die beiden an. Da hören sie gerade die drei Signaltöne der Schulglocke. *Bom bom bom.* Aus den Lautsprechern vernehmen sie die Stimme vom Schulchef: „Achtung, Achtung! Eine wichtige Mitteilung. Soeben wurde ein Einbruch im Musikraum festgestellt! Das neue Keyboard wurde geklaut! Die Polizei ist bereits verständigt. Sie teilt mit, dass der Musikraum eine Woche wegen Spurensicherung der Fingerabdrücke gesperrt wird! Alle Klassen, die diese Woche Musikunterricht hätten, bleiben in ihren Klassenzimmern. Stattdessen wird es zusätzliche Mathestunden geben. Eine Bitte an alle: Haltet die Augen offen! Wenn jemand etwas bemerkt, bitte sofort der Lehrkraft melden! Danke! Ende der Durchsage."

„Och man!", stöhnt Tim. „Ich dachte, wir sehen heute das neue Keyboard!"

„Wie wäre es, wenn wir uns später umschauen?", fragt Marie.

„Okay!", stimmt der Junge zu. Schnell verschwinden die beiden ins Schulgebäude.

Auf dem Weg zu ihrem Klassenzimmer kommen die Kinder am Musikraum vorbei. Beide schielen vorsichtig um die Ecke, aber sie sehen nur ein rot-weiß gestreiftes Absperrband. Langsam bummeln sie die Treppe hoch. Auf einmal bleibt Marie stocksteif stehen und macht ein fürchterliches Gesicht.

Erschrocken flüstert sie mit ängstlicher Stimme: „Tim, da ist ein schwarz gekleideter Mann! Schau mal, er hat sogar eine große Tasche bei sich. Könnte das der Dieb sein, der das Instrument gestohlen hat?"

„Ja, schon möglich!", zögert der Junge.

„Komm, wir gehen schnell zu unserem Lehrer!", befiehlt Marie. Die beiden sausen die Treppe hoch. Als sie bei ihrem Klassenzimmer ankommen, bemerken sie, dass das Klassenzimmer verschlossen ist. Beide rufen im Chor: „Wir gehen einfach ins Lehrerzimmer!" Sie laufen zum Lehrerzimmer nach unten. An der Tür steht: *Bitte klopfen!* Marie klopft.

„Herein!", ruft eine heisere Stimme. Dabei wissen sie gar nicht so genau, ob die Antwort vom Lehrerzimmer oder vom Schulgang nebenan kommt. Hastig machen sie die Tür auf.

Marie sprudelt sofort los: „Wir glauben, dass wir den Täter gesehen haben!"

„Echt?", fragt die Lehrerin Frau Müller, die gerade mit einem Stapel Kopierpapier vor ihnen steht. Eigentlich wollte die Lehrerin fragen, wo sie den Dieb gesehen haben, aber Marie redet schon weiter.

„Gerade als wir die Treppe hochgingen, sahen wir einen schwarz gekleideten Mann. Der lief nämlich mit einer riesigen Tasche, genau in der Größe eines Keyboards."

In diesem Augenblick läuft gerade der besagte Mann hinter ihnen vorbei und eilig die Treppe hinunter.

„Da ist er!", schreit das Mädchen.

„Ich ruf die Polizei! Und ihr behaltet den Dieb im Auge!", befiehlt die Lehrerin den Kindern.

Die beiden Schüler laufen hastig hinaus und nehmen die Verfolgungsjagd auf. Wenige Minuten später kommt allerdings der Gong: *Bom bom bom.*

„Komm, wir müssen zum Unterricht", erklärt Tim.

Auf einmal wird ihnen bewusst, dass sie ja eigentlich Unterricht hätten. Da die beiden sowieso die Spur verloren haben, huschen sie etwas außer Atem zurück zum Lehrerzimmer. Sie informieren Frau Müller über ihre erfolglose Suche.

Zum Glück ist die Lehrerin nicht sauer. „Die Polizei ist schon unterwegs!", strahlt sie siegessicher.

Und tatsächlich kommen kurz darauf zwei Polizisten angerannt. „Wo könnte der Dieb entlanggelaufen sein?", keucht einer von ihnen außer Atem.

Die Lehrerin entgegnet zögerlich: „Da, im Gang, glaube ich."

Die beiden Männer eilen den Gang entlang. Leider sehen sie ihn nicht. Aber plötzlich vernehmen sie eine dunkle Männerstimme: „Ah! Sie kommen!"

Jetzt sieht die Polizei den schwarz gekleideten Mann. Der Dieb sitzt zusammengekauert in der Ecke der Schautafel. Schnell sausen die Polizisten zum Täter und packen ihn mit einem harten Griff am Arm. Sie legen dem Dieb Handschellen an.

„So, jetzt haben wir dich! Du kommst erst mal in den Polizeiwagen!", grinst der Polizist. Er dreht sich zu seinem Kollegen um: „Und du schaust, ob das Instrument in der Tasche ist!", befiehlt er.

„Ja, das Keyboard ist da! Ich gehe schnell zum Schulchef", entgegnet sein Partner.

Wenige Minuten später hört man schon die Durchsage vom Schulleiter: „Achtung! Achtung! Das Keyboard wurde gefunden! Es tut uns leid, weil wir den Musikraum umsonst gesperrt haben. Der Musikraum ist ab sofort wieder geöffnet! Der Unterricht kann wieder ganz normal stattfinden! Danke! Ende der Durchsage!"

Da hört man plötzlich durch das ganze Schulgebäude einen tosenden Applaus. Tim und Marie strahlen um die Wette. Auch wenn sie nicht den Täter erwischt haben, sie waren doch schon ganz schön nah dran am Diebstahl.

Philipp Eidenhardt, 9 Jahre, Grundschule Nittenau.

Der Angstkäfer

Marie kann nicht einschlafen. Wenn sie schläft, denkt sie, geht die Nacht schneller vorbei. Marie fürchtet sich aber vor dem nächsten Morgen und dem neuen Tag. Morgen nämlich soll Marie zum ersten Mal nach dem Umzug in die neue Schule gehen. Gar nicht daran denken mag sie. In ihrem Bauch kribbelt es dann nämlich so komisch. Das sind die Angstkäfer, die – genau wie Marie – keine Lust auf die neue Schule haben. Und wenn Marie sich vorstellt, wie sie vor den vielen fremden Kindern im Klassenzimmer steht, ist ihr, als tanzten die Angstkäfer in ihrem Bauch einen wilden Tanz. Uih! Ein gemeines Gefühl ist das. Schließlich kann Marie die Augen doch nicht mehr offen halten und schläft ein.

Als am nächsten Morgen der Radiowecker zu dudeln beginnt und Marie aufwacht, kneift sie die Augen fest zu und wünscht sich, die Musik sei nur ein Traum und es wäre noch tief in der Nacht.

Doch schon steht Mama am Bett und ruft fröhlich: „Aufstehen! Es ist Zeit! Sonst kommen wir noch zu spät."

Fest krallt sich Marie an der Bettdecke fest. Sie will nicht aufstehen, doch Mama zieht die Decke weg und lacht.

„Los, du Faulpelz", sagt sie, „wir müssen uns beeilen."

„Muss ich wirklich in diese doofe Schule gehen?", fragt Marie und sie hat Mühe, die Tränen zu unterdrücken.

„Ja", antwortet Mama und nimmt sie in den Arm. „Alle Kinder müssen zur Schule gehen. Ich bin mir sicher, dir wird es in deiner neuen Klasse gut gefallen."

Laila Morina lebt zusammen mit ihrer Mutter und ihrem kleinen Bruder im Osnabrücker Stadtteil Schinkel. Sie besucht die 3. Klasse der Stüveschule. In ihrer Freizeit malt und liest Laila gerne.

Gespenstische Schulgeschichten 2.0

Klasse 3c der Fritz-Gansberg-Schule

in Wiesbaden / Deutschland

Die Kinder haben sich überlegt, was passiert eigentlich, wenn der langweilige Schulalltag mal auf besondere Weise unterbrochen wird und ein Schulgespenst in der Schule haust ...

Das freche Gespenst

Gestern ist in der Fritz-Gansberg-Schule so einiges passiert. Die Kinder und Lehrer wissen manchmal nicht, ob sie alles nur geträumt haben. So fing alles an:
Die Kinder der 3c hatten Sport. Plötzlich kam eine Durchsage: „Heute ist schulfrei!" Die Kinder wollten schon nach Hause gehen, doch Frau Grunwald machte eine Durchsage, dass es nur ein Fehler war. Die Kinder waren sehr enttäuscht.
Wie war das geschehen? Wer hatte die erste Durchsage gemacht? Keiner ahnte zu diesem Zeitpunkt, dass ein Schulgespenst in der Schule eingezogen war.
Inzwischen war die Sportstunde vorbei und die hatten Mathematik. Als der Lehrer die Rechenaufgaben an die Tafel geschrieben hatte und sie der 3c erklären wollte, wischte das Gespenst sie weg. Die Kinder wussten nun nicht, was sie rechnen sollten, und fragten den Lehrer. Der war erstaunt und musste alles noch mal aufschreiben.
In der letzten Stunde hatten die Kinder Kunst und sollten mit Glitzer arbeiten. Plötzlich fiel eine große Glitzerdose um und kippte auf das Gespenst. So wurde es sichtbar.
Das Gespenst freundete sich mit allen Kindern an und sie spielten nun immer viele Spiele, am liebsten Fangen.

Pauline Eitner

Tommy, der Spuker

An einem sonnigen Tag in den Alpen ganz in der Nähe der Fritz-Gansberg-Schule ist dem Gespenst Tommy langweilig. Er darf nicht raus aus der Gespensterhöhle.

Da kommt seine Mama und sagt: „Komm, du musst doch nicht immer drin spielen."

Nun kommt auch Papa und spricht: „Übe draußen das Spuken."

Erfreut springt Tommy auf. „Juhu, ja danke!" Jetzt fliegt er raus und entdeckt die Fritz-Gansberg-Schule. Er rast neugierig drauf zu und fliegt hinein ins Gebäude.

Im Klassenraum begrüßt Frau Ladebeck die Klasse 3c. Da denkt Tommy: „Hey, das kann ich auch!", und heult laut auf: „Hu! He! Hie!" Die 3c ist nämlich die Wolfsklasse und die Kinder begrüßen sich immer mit Wolfsgeheul.

Da denkt Frau Ladebeck: „He, was war das?"

Aber Tommy ist das egal. Er fliegt weiter und entdeckt Frau Grunwald, die Direktorin, in ihrem Büro. Er heult auf: „Hu! He! Ha!"

Die Direktorin erschrickt: „Was war das?" Und läuft lieber weg.

Tommy sieht sich um. Da entdeckt er plötzlich einen Knopf. „Ah", denkt er, „das ist die Sprechanlage." Tommy hat eine tolle Idee und grinst. Er drückt den Knopf und spricht: „Hallo, ich bin Tommy. Ich werde euch begleiten in meine Hu-ha-he-Welt."

Einer aus der Schule heißt Tommy, er wird beschuldigt. Tommy, das Gespenst, findet das nicht so cool, er fliegt zu Tommy in der Pause und macht sich sichtbar. „Hey, du, ich weiß, dass du beschuldigt wirst."

Tommy, das Kind, erschrickt, aber dann sieht er, dass das Gespenst lieb ist. Tommy, das Gespenst, schlägt vor: „Wir könnten Streiche spielen! Los gehts! Frau Liebrada, unten spielt Musik. Oh nein, ich schau nach. Komm, Tommy, miaue jetzt. Ha hi hu!"

Da muss sogar Tommy sich die Ohren zuhalten!

Die nächste ... Ja! Frau Ramieres, schauen Sie mal ..."
Tommy macht sich sichtbar. Plötzlich beginnt er zu jaulen: „Hu hu hu! Tommy, du hast es geschafft!"
Tommy klatscht Tommy ab und beide sagen sich: „Tschüss."
Jetzt fliegt Tommy in Richtung seines Zuhauses. Da kommen Mama und Papa schon aufgeregt und fragen: „Und, kannst du jetzt besser spuken?"
Tommy antwortet stolz: „Ich kann es. Hu hu hu!"

Katharina Reich

Das verschwundene Gespenst

Es war Winter. Ich und mein bester Freund Arman waren gerade in der Pause. Da kam der Geist Huibu in die Klasse geflogen und Frau Grunwald hatte bei uns Hausaufgaben. Plötzlich war Frau Grunwald im Klassenschrank gefangen und niemand bemerkte es.

Sie blieb vier Tage in dem Klassenschrank gefangen!

Huibu sah, dass die Kinder traurig waren, und bekam Mitleid. Er hat Frau Grunwald herausgelassen und sie wurden Freunde.

Frederick Braune

Das Käsegespenst

Es gab einmal an der Fritz-Gansberg-Schule die Klasse 3c. Alles war ruhig. Sie hatten gerade Mathe und lernten das Multiplizieren. Die 3c hatte gerade ihre Lieblingslehrerin Frau Ladebeck. Es war Winter. Doch was war das? Da flog ja der Klassenball von alleine durch die Luft und warf die Mülltonnen um. Der ganze Müll flog raus. „Aaaahh!" Marlene schrie.

„Was war das?", fragte Frau Ladebeck.

Plötzlich und wie durch Zauberhand flog Romans Ranzen ein ganzes Stück zur Seite. Alle flüchteten in die Turnhalle, da war die Chefin – Frau Grunwald mit viel Käse, denn sie liebte Käse. „Hallo, warum seid ihr hier?", fragte sie. Sie legte den Käse auf einen Tisch. „Sagt jetzt, warum!"

Frau Ladebeck sagte flüsternd: „ Es spukt!"

Frau Grunwald antwortete: „Geister gibt es nicht!" Doch sie hatte zu früh gesprochen, denn ihr Käse war weg! Jetzt glaubte Frau Grunwald alles und schrie: „Mein Käse! Das war Schweizer Käse, sehr sehr lecker."

Doch was war das? Da schwebte Frau Grunwalds Käse. Frau Grunwald wollte ihn greifen, aber ihre Hand flog hindurch. Da rief Emmi: „Ich hole ihn!" Emmi sprang und flog durch den Käse.

„Mein Käse", jammerte Frau Grunwald. Der Käse lag zerbrochen auf dem Boden.

Katharina rief plötzlich: „Da ... da ist etwas kleines Weißes mit Augen! Ein Gespenst!" Alle rannten weg.

„Stopp! Ich bin ein gutes Gespenst", versicherte das Gespenst.

Dann fragte Paul: Willst du unser Klassengespenst werden?"

„Ja", sagte das Gespenst erfreut.

Und so wurden das Gespenst und die Klasse 3c dicke Freunde.

Sam Lomenick

Der Schulgeist

Es war einmal die Klasse 3c. In der letzten Zeit passierten komische Dinge in der Fritz-Gansberg-Schule. Eines Tages passierten sogar sehr sehr komische Dinge.

Frau Ladebeck wollte etwas kopieren. Sie war weg.

Bu-bu schlich sich in die Klasse. Die Kinder bemerkten was. Plötzlich kam ein: „Hu-hu!" Die Kinder bekamen Angst.

Auf einmal hörte man eine Stimme, die sagte: „Ihr braucht keine Angst zu haben. Ich bin ein guter Geist!"

Die Kinder beruhigten sich. Dann sagte Arman: „Bist du ein guter Geist?"

Da antwortete Bu-bu: „Ja, ich bin ein sehr guter Geist." Der Geist zeigte sich kurz.

Frau Ladebeck kam zurück. Ivola sagte: „Hier war ein Geist!"

Frau Ladebeck guckte in den Nebenraum, dann kam eine Durchsage: „Es ist drei Tage schulfrei!"

Die Kinder freuten sich und alle Kinder gingen nach Hause.

Na, wer das mit der Durchsage wohl war ...

Lazar Ilic

Fritz und Frida,
die Schulgespenster

Es ist Winter in Kohlstadt und Tom, Paul, Lisa und Viktoria gehen in die Fritz-Gansberg-Schule. In der Klasse 3c gibt es zwölf Jungs und zwölf Mädchen. In den ersten beiden Stunden haben sie Sport. Als sie dann zum Frühstück hoch kommen, schreit Tom plötzlich: „Wo ist mein Füller?"

Dann schreit auch Lisa: „Wo ist mein Lineal?"

Nun sehen sie das Lineal und den Füller durch den Klassenraum schweben. Fritz und Frida, die beiden Schulgespenster, stecken dahinter, das wissen die Kinder aber nicht.

Es gongt zur Pause und alles stürmen raus wie die Verrückten. Als dann alle draußen sind, schleichen Frida und Fritz in andere Klas-

sen und bringen einiges durcheinander. Außerdem malten Frida und Fritz auch Grimassen an alle Tafeln.

Die dritte und vierte Stunde vergehen dann wie im Flug.

„Das Mittagessen hat echt lecker geschmeckt", sagt Paul.

„Ja, das stimmt", sagt auch Viktoria.

Frida und Fritz schleichen sich dazu und auch ihnen schmeckt es richtig gut. Alle wundern sich, als zwei Teller durch die Luft schweben.

Fritz und Frida schleichen sich in die Küche und schweben auf ein altes Regal. Das beginnt plötzlich zu kippen. Sie schreien und fallen auf einen Mehlsack. Alle erstarren, als sie die Schreie hören. Die Tür geht auf und Fritz und Frida purzeln heraus. Alle schreien oder reißen die Münder auf, als sie die Gespensterkinder sehen.

Außer Paul, der sagt: „Die sind aber süß."

Tom und Lisa verstehen endlich und rufen: „Die haben unser Lineal und den Füller durch die Luft fliegen lassen!"

Alle Kinder der Fritz-Gansberg-Schule befreunden sich mit Frida und Fritz – die Lehrer, die Kinder und die Betreuer.

Während des Mittagessens hat es geschneit. Als alle fertig gegessen haben, machen Paul, Tom, Lisa, Viktoria, Frida und Fritz eine Schneeballschlacht.

Und Frida und Fritz?

Die, ja, die dürfen jedes Kind der 3c einmal übers Wochenende mit nach Hause nehmen.

Leonore Zimmermann

Polly, das Gespenst

Es war ein schöner Montagmorgen in der Fritz-Gansberg-Schule und Emma B., Emma K. und Katharina waren drei von fünfzehn Mädchen der Klasse 3c. Es gab neun Jungs und alle hatten Musik. Plötzlich fing irgendjemand an, Gitarre zu spielen. „Wer war das?", fragte Herr Dumov mit lauter und ernster Stimme. Alle schauten sich um. Niemand war zu sehen. Der Unterricht ging weiter. Nach der Pause hatten sie Mathe. Frau Ladebeck rief Katha nach vorne, um eine Aufgabe zu lösen. Die Lösung war richtig, doch jemand wischte sie weg und schrieb eine falsche Lösung hin! Alle lachten.

„Ich habe das nicht gemacht!", schrie Katha.

„Du darfst dich wieder hinsetzen", sagte Frau Ladebeck zu Katha. Während der Hausaufgaben musste Emma B. nicht arbeiten, denn irgendjemand nahm ihren Stift und machte ihre Hausaufgaben wie von Geisterhand. Das Blöde war aber, dass alles falsch war!

„Wer war das?", schrie Emma B.

In der Pause schrien Emma B, Katha und Emma K. irgendwann auch, denn irgendwas huschte an ihnen vorbei. Später spielten sie Werwolf, aber mitten im Spiel hörten sie ein Geräusch und dann stank auf einmal das ganze Klassenzimmer. Plötzlich erschien eine durchsichtige Gestalt. Sie sah aus wie ein Gespenst.

„Wer bist du denn?", fragte Frau Ladebeck.

„Ich bin Polly, das Gespenst. Ich rasiere gerne Lehrern die Haare ab. Wollen wir Freunde sein?"

„Ja, gerne", sagten Katha und Emma K. gleichzeitig.

Und ab diesem Tag spielten sie nur noch gemeinsam.

Emma Kleiß

Das Erlebnis
von Paul und Sam

Eines Tages sind zwei Gespenster in der Fritz-Gansberg-Schule in Wiesbaden unterwegs. Sie heißen Nora und Kora, das sind die Namen der zwei Gespenster, aber das ist erst der Anfang.

In den ersten zwei Stunden hat die 3c Mathe und Deutsch. Plötzlich klingelt es. Da sagt Emmi: „Hä? Das ist doch noch viel zu früh!"

„Egal, lasst uns rausgehen", freut sich Paul.

„Ist doch cool", sagt Sam.

Alle sind draußen. Alle Freunde, das sind Lola, Mila, Daria und Sam und Paul.

Plötzlich spürt Sam einen Lufthauch. Erstaunt schaut er sich um und traut seinen Augen kaum: Da stehen zwei weiße Gestalten mit Glupschaugen und kleinen Wimpern. Sam sagt: „Hast du das gesehen?"

„Was? ... Oh ja, ich sehe es auch", flüstert Paul mit ängstlicher Stimme. „Gespenster! Gespenster!"

„Ich träume, ja genau, ich träume!", sagt Paul.

Die Gespenster kommen runter zu Paul und Sam. Eines der Gespenster sagt: „Ich heiße Kora und das ist Nora. Wir haben es klingeln lassen."

„Danke", sagen Paul und Sam gleichzeitig. Beide stehen noch etwas im Schock.

„Wir können euch ab jetzt im Unterricht helfen", schlägt Kora vor.

„Oh ja", sagt Paul. Inzwischen ist er nicht mehr schockiert und freut sich über seine neuen Freunde.

„Wir haben in der nächsten Stunde Englisch", sagt Paul, „und das kann ich gar nicht gut."

Alle gehen in die Klasse. Nora ist bei Sam und Kora bei Paul. Sie schreiben sogar alles für die beiden auf, denn Nora und Kora haben sich in Stifte verwandelt.

In der vierten Stunde haben sie Musik und da sagt Nora Sam alles vor. Dann verabschieden sie sich. Sie haben noch viel zu tun und müssen auch in anderen Schulen helfen.

Daria Fani Yazdi

Das Kürbisgespenst

In der Fritz-Gansberg-Schule sind in der letzten Zeit komische Dinge passiert. Besonders den Lehrern der 3c sind doofe Sachen passiert. Aber wir fangen am besten von vorne an. Also: Es war einmal an einem sonnigen Montagmorgen im Hochsommer. Da kam eine wichtige Durchsage per Lautsprecher: „Achtung, Achtung, es folgt eine wichtige Durchsage. Es ist kältefrei." Es war kurz Stille, dann brüllten alle Kinder. Aber als die Kinder nach Hause gehen wollten, kam noch eine Durchsage: „Pling, die vorherige Durchsage war ein Fehler. Bitte bleibt alle in der Schule."

Die Kinder stöhnten. Doch plötzlich ging das Licht aus und alle Wasserhähne gingen an. Plötzlich kratzte es ab der Tafel und Hugo fragte ängstlich: „Was ist das, Paul?"

Paul antwortete: „Ich habe keine Ahnung."

Auf einmal ging das Licht wieder an und die Kinder der 3c sahen einen Kürbis, der eine Grimasse an die Tafel malte und dann schnell wegrannte. Erstaunt sagte Hugo: „Das war jetzt nicht wirklich ein Kürbis, oder?"

Daraufhin antwortete Paul: „Doch!" Und fiel in Ohnmacht.

Doch dann erkannte Hugo: „Das ist ein Geist. Aber warum seiht er aus wie ein Kürbis? Was haben wir eigentlich? Hochsommer, Kältefrei, Halloween? Ich verstehe die Welt nicht mehr!"

Da kam das Gespenst näher und begrüßte sie: „Hallo, ich bin Fritzi, das Schulgespenst. Es tut mir leid, dass ich euch erschreckt habe. Und falls ihr euch fragt, warum ich aussehe wie ein Kürbis. Also, an Halloween letztes Jahr wurde mir ein Kürbis auf den Kopf gesteckt und ich fand, ich sah einfach großartig aus. Wollen wir in Zuluft zusammen Streiche spielen?"

Und da sagten alle: „Ja!"

Paul Brennert

Das Gespenst
und die Spritzpistolen

Es war einmal ein Gespenst, das Anton hieß.

Es ist Hochsommer. Vor seinem Geisterhaus ist die Fritz-Gansberg-Schule. Doch was ist das? Hugo, Arman, Paul und Roman spielen mit Spritzpistolen, aber er kann nicht raus, um Streiche zu spielen.

Ihr wisst ja, wieso ...?

Gespenster hassen Wasser!

Es gongt. Endlich kann er in die Schule. Anton sucht die Klasse 3c auf, um die Spritzpistolen zu holen. Als er ankommt, haben sie Mathe. Die Spritzpistolen sind in Armans Schulranzen. Anton schleicht sich ran und holt die Spritzpistolen. Dann schleicht er sich zur Lehrerin. Sie heißt Frau Ladebeck. Anton spritzt ihr einfach in die Haare. Plötzlich kreischt Frau Ladebeck, weil ihre Haare nass sind. Sie sieht richtig komisch aus. Alle Kinder aus der 3c lachen.

Als Anton zu Frau Ladebeck sieht, sieht er, wie sie immer wütender wird. Langsam findet er den Streich nicht mehr lustig und macht sich sichtbar.

Als die Kinder der Klasse 3c das Gespenst sehen, kreischen sie erst mal entsetzt, doch dann finden sie es ganz nett. In der Betreuung spielen sie alle zusammen mit den Spritzpistolen, bis die Kinder abgeholt werden.

Roman Macher

Verrückte Nacht

Die Geschichte spielte in der Fritz-Gansberg-Schule. Es spielten mit Tom, Leni, Leon, Ariano.

Es war Sommer! Also in der Fritzi war ein Gespenst, es hieß Tom! Tom war sehr frech. Die Schüler Leni, Leon und Ariano ärgerte und störte es am liebsten. Aber es wurde wärmer und wärmer. Tom wusste, dass er mehr Streiche spielen musste, sonst würde er sichtbar werden. Sogar in der Nacht musste er spuken.

Plötzlich kamen drei Gestalten in die Schule, weil sie auf den Schulhof wollten. Tom dachte: „Das ist ja ideal."

Die drei Gestalten sahen Tom Augen. Und Tom sah Leni, Leon und Ariano. Und was machen Geister in der Nacht und am Tag? Natürlich rumgeistern!

Die drei gingen in ihren Klassenraum. Aber das blieb nicht unbemerkt. Tom verschloss die Tür. Leni, Leon und Ariano wollten wieder raus, aber es ging nicht.

Tom spürte die Angst der Kinder und wollte die Tür wieder aufmachen, aber sie klemmte. Tom bekam Angst. Es war ja bislang ganz lustig gewesen, aber jetzt nicht mehr. In der Nacht wurde Tom doch auch immer sichtbar und gleich war Geisterstunde.

„Egal", sagte sich Tom, schlüpfte geistermäßig durch die Tür und zeigte sich den Kindern. Die drei erschraken sehr.

„Das ist ja ein Geist!", riefen sie gleichzeitig.

Tom sagte: „Es tut mir leid, ich habe euch hier eingeschlossen."

Nun ging die Tür doch noch auf und sie gingen alle raus. Alles war gut und sie wurden Freunde und lebten glücklich.

Zoe Steinhebel

Rosi, das Gespenst

In der Schule passierten immer komischere Sachen, weil ein Gespenst namens Rosi den Lehrerinnen immer schlimmere Streiche spielte. Rosie spielte Frau Ladebeck, Frau Metin und Frau Grunwald Streiche, aber Rosi ist noch ganz klein, darum klappen nicht alle Streiche.

An einem Tag probierte Rosi bei einer Schülerübernachtung. Frau Ladebeck im Schlaf einen Bart und einen Schnurrbart zu malen. Und siehe da, es klappte!

Als Frau Ladebeck aufwachte, lachten alle Kinder und sie schrie: „Warum lacht ihr?" Frau Ladebeck guckte in den Spiegel und rief: „Wer war das?"

Niemand antwortete.

„Okay, dann habt ihr alle mehr Hausaufgaben auf und ich schreibe euren Eltern, dass ihr mir frecherweise einen Bart und einen Schnurrbart aufgemalt habt."

Alle Kinder waren schockiert und ängstlich. So hatte sie ihre Lehrerin ja noch nie sprechen hören. Frau Ladebeck sah aber so bescheuert aus, dass auch Rosi lachen musste. Das Problem war nur: Wenn Rosi lachen musste, wurde sie sichtbar. Frau Ladebeck wusste nun, dass Rosi den Bart und den Schnurrbart gemalt hatte, und entschuldigte sich bei den Kindern. Frau Ladebeck und Rosi und die Kinder wurden Freunde.

Emma Liebler

Myriam und das Gespenst namens Fritzchen

Das ist Fritzchen, er ist ein Schulgespenst der Fritz-Gansberg-Schule. Aber *schhh!* – verratet es bitte keinem, sonst holt die Direktorin die Geisterjäger.

Also, es ist Montag. Die Kinder der 3c gehen in den Klassenraum. Jetzt kommt Frau Fischer in die Klasse, sie ist die Klassenlehrerin und sie bringt eine neue Schülerin mit. Sie heißt Myriam. Frau Fischer sagt: „Guten Morgen, Kinder. Heißt eure neue Mitschülerin willkommen."

Die Kinder antworten: „Guten Morgen, Frau Fischer und Myriam."

Fritzchen hat die ganze Zeit über zugeguckt, er denkt sich: „Es ist Zeit, die Frau Fischer zu ärgern. Hi hi hi hi!"

Inzwischen hat Frau Fischer Myriam schon einen Platz gegeben. Fritzchen schleicht sich durch die Wand und geht hinter die Tafel. Immer wenn die Lehrerin etwas aufschreibt, radiert er es weg und die Kinder lachen dabei. Das geht so weiter, bis sie Schulaus haben. Die Betreuerin kommt und sie gehen zum Essen.

Myriam denkt sich: „Es ist so viel passiert, ich muss es näher unter die Lupe nehmen." Nun ist es halb drei. Myriam geht nach Hause und auf dem Weg denkt sie darüber nach, wie sie in die Schule reinkommen könnt, um das alles zu untersuchen. Plötzlich fällt ihr etwas ein.

In der Nacht schleicht sie sich unbemerkt raus und läuft zur Schule. Endlich kommt sie dort an. Myriam sieht ein offenes Fenster, es führt zur Küche. Sie klettert rein und guckt sich um. Plötzlich huscht da etwas an ihre vorbei. Es ist dunkel und sie schnappt sich eine Dose voller Mehl. Um zwölf Uhr kommen Gespenstergeräusche. Myriam öffnet die Dose und wirft das Mehl auf das Gespenst. Sie holt ihre Taschenlampe und leucht auf das Gespenst.

Myriam ruft: „Ein Gespenst! HILFE!"

Das Gespenst beruhigt sie, nun stellen sie sich vor und werden beste Freunde für immer.

Manchmal besucht Myriam das Gespenst in der Nacht ... und manchmal ist es auch umgekehrt. Dann darf Fritzchen unter Myriams Bett schlafen.

Rajvee Patil

Das verrückte Gespenst

Es ist Frühling, die Klasse 3c hat gerade Musik. Marlene, Emmi und Maila sind drei Mädchen der Klasse 3c. Sie spielen gerne Streiche. Sie quatschen gerade darüber, welche Streiche sie noch machen wollen. Plötzlich geht der Alarm an. Die Lehrerin bringt die Kinder in den Essensraum.

Marlene, Emmi und Maila verstecken sich im Elektroraum. Die drei Mädchen atmen aus. Plötzlich schreit Marlene auf: „Habt ihr das auch gesehen? Da war irgendetwas Weißes und es war eiskalt!" Da ist es schon wieder, jetzt sehen es die anderen auch. Emmi ruft ängstlich: „Wer ist da?"

Marlene greift ins Regal und wirft einen Sack Mehl nach dem Etwas. Da wird es sichtbar. „Ein Gespenst!", rufen die drei wie aus einem Mund.

„Hallo, ich bin Floppi", sagt das Gespenst.

„Warst du das mit dem Alarm?"

„Ja, das war witzig, oder?"

„Nein, das war gar nicht witzig", antworten die Mädchen.

Floppi ist enttäuscht und sagt: „Was? Ihr findet es nicht witzig? Dann kann ich ja auch wieder gehen!" Und da ist das kleine Gespenst auch schon wieder weg.

Die drei Mädchen gehen zurück in die Klasse und beschließen, dass sie das alles lieber für sich behalten.

In der Zwischenzeit sind auch alle anderen wieder in der Klasse. „Wo wart ihr denn so lange?", fragt die Lehrerin.

„Wir waren ... äh ... äh ... bei euch in der Mensa. Habt ihr uns nicht gesehen?"

„Nein, haben wir nicht. Na ja, egal, setzt euch hin!" Die drei Mädchen gehen zu ihren Plätzen. Auf einmal kommt eine Durchsage. Alle Kinder sollen jetzt das Schulgebäude verlassen. Die Lehrerinnen bringen die Kinder auf den Schulhof.

Niemand sieht das kleine Gespenst, das fröhlich grinst. Die drei Mädchen ziehen sich in eine Ecke zurück.

„Kommt euch das auch alles so komisch vor? Da ist bestimmt wieder das Gespenst beteiligt. Ich wette, dass das Gespenst die Durchsage gemacht hat", sagt Marlene.

Plötzlich ruft Emmi: „Da, das Gespenst haut ab!"

Was für eine Aufregung! Aber das Gespenst blieb tatsächlich weg.

Drei Wochen später: In der Fritz-Gansberg-Schule ist wieder alles in Butter. Dann sind auch schon Ferien und alle Kinder gehen nach Hause. Manchmal überlegen die drei Mädchen, ob sie alles nur geträumt haben ...

Maila Fellenberg

Das Gespenst in der Truhe

Es war Winter. Die Klasse 3c machte einen Ausflug zu einem Schloss. Die Klasse 3c ging in den Schlosshof hinein, die ganze Klasse drückte das Tor auf, was sehr laut quietschte. Im Schloss waren alte Möbel und alte Kisten. Ganz vorne war ein staubiger Thronsaal. In dem Thronsaal war eine besondere Truhe, sie war sehr groß. Die Kinder wollten die Truhe öffnen. Als sie offen war, kam aus der Truhe ein Geist. Die Klasse 3c schrie und alle rannten weg und versteckten sich. Selbst die Klassenlehrerin Frau Ladebeck schrie laut auf, ließ ihr Handy fallen und rannte weg. Alle versteckten sich.

Der Geist suchte die Klasse 3c. Er war nämlich darüber, dass alle weg waren, enttäuscht. Ihm war alleine immer so langweilig. Er rief: „Ich tue euch nichts!"

Nichts geschah.

Sie dachten, der Geist wolle sie austricksen, aber der Geist meinte es ernst. Und so rief er noch einmal: „Ich tue euch nichts."

Langsam glaubten sie ihm und kamen aus ihren Verstecken heraus. So wurden sie Freunde und hatten keine Angst mehr. Bei jedem Ausflug besuchten die Kinder ihren lieben Freund im Schloss.

Arman Wayiliyan

Das kleine Gespenst

Es war ein wunderschöner Herbstmorgen. Emma, Hugo und Pauline waren die allerbesten Freunde. Sie waren drei von 24 Kindern der Klasse 3c.

„In der ersten Stunde haben wir Mathe", sagte Pauline, „und dann Deutsch, da machen wir bestimmt die Gedichte weiter."

Zunächst war also alles ganz normal – Mathe und Gedichte – wie es in der Schule sein sollte.

Aber als sie in der Schule waren, war plötzlich ein Rasiergeräusch in der Luft. Da rief Sam: „Aaahhh, da ist ein Rasierer, der Frau Pickel alle Haare abrasiert!" Alle waren entsetzt, dass Frau Pickel jetzt nicht nur Pickel, sondern auch eine Glatze hatte.

Nach zwei Tagen passierte schon wieder so etwas Ähnliches. Mach der zweiten Pause war an der Tafel ein Bild von Herrn Mauer gemalt und Schulmaterialien der Kinder waren verschwunden. Was war hier los?

Was die Kinder nicht wussten: Ein Gespenst hatte die Sachen geklaut und auch das Bild an die Tafel gemalt. Währen das Gespenst ein Glas mit Kreidepulver über sich balancierte, stolpte es und ver-

schüttete das ganze Kreidepulver, sodass es von obern bis unten voll damit war. Dadurch wurde es sichtbar. Emmi und Marlene schrien auf.

Das Gespenst stellte sich vor: „Ich heiße Timi."

Sam sagte: „Wir sind die Klasse 3c!"

Die Klasse fragte: „Wollen wir Freunde sein?"

Das Gespenst sagte: „Ja, gerne."

Die Klasse 3c und das Gespenst wurden richtig gute Freunde.

Emma Borgmann

Die Schule brennt

Es ist Hochsommer. Roman, Paul und Hugo sind beste Freunde. Sie gehen in die Fritz-Gansberg-Schule. Alle aus der 3c haben Sport. Acht Jungen und 17 Mädchen sind in der 3c. Roman, Paul und Hugo sind als Letzte in der Umkleide.

Plötzlich kommt eine Durchsage: „Die Schule brennt! Verlassen Sie alle umgehend das Gebäude!"

Paul sagt: „Mein Käse ist oben, ich hole ihn noch!" Als Paul wieder unten ist, schreit er: „Die Schule, die Schule!" Er ist heiser.

Hugo sagt: „Die Schlewas?"

Eigentlich wollte Paul sagen: Die Schule brennt NICHT", aber Paul hatte so viel Stress deswegen, deshalb kriegt er nur den halben Satz raus und die anderen denken, es würde brennen.

Roman sagt: „Hugo, weg hier!" Sie rasen die Treppe hoch und alle können raus.

Paul sagt zum tausendsten Mal: „Es brennt NICHT!"

Eine Stunde später geht in allen Klassen das Licht aus. Es kommt wieder eine Durchsage: „Es ist kältefrei!" Alle rennen nach Hause.

Roman, Paul und Hugo spielen Fußball. Roman sagt: „Ich lebe, so viel verstehe ich noch. Mehr nicht!"

Plötzlich steht Emma vor ihnen. Hugo sagt: „Emma, wir haben dich gar nicht gehört."

Emma sagt: „Ihr Quatschköpfe, ihr spielt doch auf Sand. Kann ich mitspielen?"

„Ja", sagt Hugo. Emma geht auch in die Klasse 3c. Sie spielen noch lange zu viert.

Am nächsten Tag ist Schule. Emma und Hugo kommen als Erste an. Sie gehen in die Klasse und Frau Ladebeck hat eine Glatze.

Plötzlich taucht eine weiße Gestalt auf, schwebt gegen die Wand und landet auf dem Boden. „Ein Gespenst!", ruft Emma. „Hugo, ein Gespenst mit einem Rasierer in der Hand!"

„Keine Sorge, ich tue euch nichts. Hat jemand Mehl? Dadurch kann ich besser sichtbar werden."

Emma holt vier Tüten Mehl und kippt sie aus. Nun können sie alle das freundliche Gespenst kennenlernen. Bald macht das Gespenst eine Lehrerausbildung und wird der netteste Lehrer der Schule. Die Lieblingsfächer: Fliegen, Spuken.

Hugo Schneider

Spuki und
die angehaltene Zeit

„Hallo, ich bin Spuki. Ja, mein Name ist komisch und ich bin ein Gespenst!"

Maya schaute zu dem Gespenst und schrie: „Aaaahhhh!"

„Hallo, nicht wegrennen, bitte. Ich tu nur fiesen Lehrern etwas, nicht euch Kindern."

„Wie heißt du und was machst du hier und woher kommst du?", fragte Maya.

„Ich komme aus der Fritz-Gansberg-Schule. Und jetzt mach mal halblang. Ich suche nach einem Spielkameraden."

Maya fragte: „Willst du mein Freund sein?"

Auf dem Gesicht des Gespensts breitete sich ein Lächeln aus. Natürlich hatte das Gespenst Lust auf diese Freundschaft.

Plötzlich rief Maya: „Oh nein!"

Da kam Frau Bolzius, die strengste und nervraubendste Lehrerin der ganzen Schule.

Frau Bolzius sagte: „Warum dauert das so lange?"

„Ähhh ... ähhh, ich warte auf Lola. Wir machen ja das Referat zusammen über den Finnwal."

„Ja, ja", sagte Bolzius schnippisch.

Da zeigte Spuki mit seinen Fingern der Lehrerin Hasenohren. Dann kam Herr Franz und sagte laut: „Wir haben jetzt Sport."

„Jaaaaa", sagte Lola.

„Hallo, Lola, gut, dass du jetzt da bist", sagte Maya. Lola lächelte. Dann sah sie zur Lehrerin und musste sich ein Grinsen verkneifen. Lola schaute zu Maya und lachte. Maya lachte jetzt auch.

Herr Franz sagte: „Kommt, Lola und Maya, gehen wir in die Klasse." In der Klasse machten sie ihren Platz sauber.

Sport war Lolas Lieblingsfach. Alle Kinder aus der 3c der Fritz-Gansberg-Schule zogen ihre Sportschuhe an und rannten in die Turnhalle.

Daria schrie laut: „Wer spielt mit Fangen?"

„Ich, ich", riefen Maya und Lola gleichzeitig.

Herr Franz rief. „Was ist?", fragte Lola. Aber er antwortete nicht. Alle außer Daria, Lola und Maya waren eingefroren.

Maya sagte: „Ich weiß, wer das war. Jetzt gehen wir und suchen nach dem Gespenst."

Daria fragte: „Welches Gespenst?"

„Ha, Spuki."

„Wer hat das gesagt?"

„Na, ich. Spuki."

Maya sagte: „Mach das sofort rückgängig."

„Okay, okay. Mach ich."

In der Betreuung ist alles wieder normal. Mays hatte am letzten Tag, also gestern, ihre Einladungen verteilt. Alle sagten, dass sie kommen würden.

Oh, da wachte Maya auf, ihre Eltern hatten ihr ein Geburtstagsständchen gesungen. Es war Samstag und die Sonne schien. Sie feierten den ganzen Tag ihren Geburtstag. Daria und Lola hatten den gleichen Traum gehabt. Vielleicht war es gar kein Traum gewesen.

Lola Cocos

Fifi, das Gespenst

Es war einmal ein Gespenst in der Fritz-Gansberg-Schule. Die Klasse 3c hatte Deutsch und Frau Ladebeck hatte die Wörter, die die Kinder im Wörterbuch suchen sollten, auf die Tafel geschrieben. Fifi, das Gespenst, stellte den Timer auf 20 Sekunden. Plötzlich klingelte der Timer und Frau Ladebeck drehte sich um und wurde sauer, aber der Timer klingelte sogar noch mal. Frau Ladebeck wunderte sich.

Plötzlich kam eine Durchsage und jemand sprach: „Frau Ladebeck, gehen Sie zum Friseur und lassen Sie sich eine Glatze rasieren. Und kommen Sie danach wieder."

Frau Ladebeck wunderte sich, wer den Timer gestellt hatte und warum Frau Grunwald, die Schulleiterin, so eine süße Stimme hatte und warum sie so etwas sagte. Eine Glatze, wie bitte? Sie fragte die Schüler, ob sie wüssten, was los ist. Aber keiner wusste was.

Dann klingelte es zur Pause. Die Klasse 3c hatte jetzt Hausaufgaben. Maya kam rein und alle machten die Hausaufgaben.

Fifi stellte den Timer wieder auf 20 Sekunden und es klingelte. Maya wurde sauer und drehte sich um, aber da war nichts. Plötzlich kam eine Durchsage: „Maya, gehen Sie raus, Frau Metin braucht Hilfe." Maya ging schnell zum Pausenhof und die Klasse 3c durfte einen Film auf dem Smartboard gucken. So ein Glück!

Maila musste dann auf die Toilette. Als sie sich die Hände wusch und in den Spiegel guckte, sah sie etwas Weißes. Sie erschreckte sich und guckte noch mal in den Spiegel. Sie sah wieder die weiße Gestalt. Sie sah genau hin. Es war ein Gespenst! Maila wunderte sich, ob sie träumte oder ob sie wach war. Sie haute sich auf den Kopf und es tat weh, also wusste sie, dass es echt war. Sie sagte: „Hallo, ist da jemand?"

„Ja", sagte eine Stimme. Dann fasste sie jemand an. „Ich bin das Gespenst Fifi", sagte jemand.

„Wirklich? Cool!", sagte Maila.

„Hast du Glitzer?", fragte das Gespenst.

„Ja, warum?, fragte Maila.

„Kannst du Glitzer auf mich streuen? Du kannst mich dann sehen", sagte Fifi.

„Okay!", antwortete Maila und streute Glitzer auf Fifi. Jetzt konnte sie Fifi sehen. Dann wurden sie Freunde. „Willst du bei mir wohnen?", fragte Mails.

„Ja! Natürlich!", antwortete Fifi.

Aber sie passten auf, dass Mailas Mutter nicht wusste, dass es ein Gespenst im Haus gab. Am nächsten Tag gingen sie zur Schule. Fifi war in Mailas Ranzen. Maila hatte auch nicht vergessen, heimlich Frühstück für Fifi mitzubringen.

Nach und nach lernten alle Fifi kennen. Alle liebten Fifi und Fifi liebte alle.

Leah Shaw

Das Schulgespenst

An einem schönen Montag liefen vier vertrödelte Schüler Richtung Fritz-Gansberg-Schule. Es waren Hannes, Mira, Ben und Emma. „Oh!", sagte Hannes. „Wir sind zu spät." Als sie die Schule betraten, sagte ein Mädchen aus ihrer Klasse: „Der Hausmeister hat einen Geist gesehen, als er gestern was repariert hat."

„Ja, klar, einen Geist!", sagte Hannes und zog seine Sportschuhe an, denn sie hatten Sport.

Sie gingen in die Turnhalle und der Geist folgte ihnen. Als die Klasse begann, Volleyball zu spielen, wurde der Geist amüsant. Als Hannes den Ball Richtung Netz warf, griff der Geist ein. Blitzschnell schoss Buhu auf den Ball zu und warf ihn im letzten Moment über das Netz. Die Klasse war verwundert.

„Wie ist der Ball über das Netz gekommen?", fragte Hannes.

Auch der Lehrer war verwundert. Nach langem Hin und Her fand der Lehrer eine Lösung. „Wenn es keine Erklärung gibt, müssen wir es gelten lassen! Aber jetzt ist diese Stunde um."

Als sie wieder in die Umkleide gingen, folgte ihnen der Geist. Leider passte er nicht auf und trat gegen einen Eimer mit weißer Farbe, denn der Hausmeister strich gerade eine Wand. Viele Spritzer weißer Farbe blieben an dem Geist hängen und die Kinder sahen ihn jetzt.

Alle Kinder riefen im Chor: „Ein Geist!" Die Kinder wurden blass.

„Ich tu euch nichts, ich will nur spielen", sagte Buhu und die Kinder wurden neugierig. Buhu erklärte, dass er noch nie gespielt habe. Die Kinder waren froh, dass er nur spielen wollte. Ab jetzt spielten die Kinder jeden Tag mit Buhu.

Joshua Wennholz

Der Schulgeist

Es war einmal ein Schulgespenst. Es wollte schon immer Freunde finden, also ging es in die 3c. Das Gespenst hieß Liana. An diesem Tag kam auch ein neues Mädchen in die 3c. Das Mädchen hieß Mila. Mila hatte auch ihren ersten Tag. Zehn Minuten später hatte Mila schon vier neue Freunde gefunden.

Liana dachte sich, dass sie vielleicht mit Mila befreundet sein könnte und dann auch die anderen vier Freunde für sich gewinnen könnte. Also schüttete Liana Glitzerstaub auf sich.

Mila sah, wie das glitzernde Gespenst plötzlich sichtbar wurde.

„D...d...da ist ja ein Geist", sagte Mila.

„Hallo, ich bin Liana, und du?"

„I...i...ich h...heiße Mila."

„Könnten wir vielleicht Freunde sein?", fragte Liana freundlich.

„Wenn du willst", sagte Mila. Dann rief sie ihre Freude. „Guckt mal, meine Gespenster-Freundin Liana!"

„Das ist ja ein Geist!", riefen sie erschrocken.

„Keine Sorge, es ist ein sehr sehr freundlicher Geist", erklärte Mila beruhigend. Gemeinsam hatten sie die Idee, sie alle könnten vielleicht Freunde sein.

Die Freunde, Mila und Liana trafen sich nun jeden Tag in der Fritz-Gansberg-Schule. Aber nicht alle blieben gelassen, wenn sie ein Gespenst trafen. Mika zum Beispiel fiel vor Schreck in Ohnmacht.

Liana blieb also lieber draußen hinter der Mülltonne, so lange jemand in der Nähe war, den es zu sehr gruselte. Liana musste sich öfter einmal verstecken und machte es sich dann in Milas Fach gemütlich.

Am nächsten Morgen trafen sie sich wieder in der Fritz-Gansberg-Schule, aber etwas stimmte nicht.

Irgendjemand fehlt", sagte Liana. „Es fehlt die Mila!", bemerkte Liana.

„Ohne Mila ist es doch langweilig", sagten die Freunde alle gleichzeitig.

Am nächsten Tag waren alle wieder da, auch Mila war da. Sie spielten glücklich zusammen. Alles war also gut ausgegangen. Mila hatte schnell Freunde gefunden und Liana wurde ein glückliches Schulgespenst.

Mila Pesic

Lizzy, das freche Gespenstermädchen

An einem schönen Mittwochmorgen gehen Lisa Marie und Emely in die Schule. Sie haben jetzt Mathe. Lisa sagt: „Oh nein, heute haben wir schon wieder Frau Kieser."

„Aber in Mathe passieren in letzter Zeit doch immer so komische Sachen!", sagt Marie.

Alle Kinder sind schon gespannt auf den Unterricht. Sie gehen in die Klasse und Frau Kieser ruft: „Ihr holt jetzt alle eure Mathebücher raus und macht Seite 30 bis 50."

Alle Kinder schreien entsetzt auf, weil es so viel ist. Frau Kieser ist das Gejammere der Kinder aber egal und sie schreibt alle Arbeitsaufträge an die Tafel. Als Frau Kieser sich umdreht, passiert etwas Verrücktes. Plötzlich fliegen die Buchstaben und Zahlen auf der Tafel wild umher. Alle Kinder lachen laut und zeigen auf den Buchstabensalat.

Als Frau Kieser sich umdreht, wird sie rot wie eine Tomate. Sie schreit: „Wir schreiben jetzt einen unangekündigten Test."

Alle Kinder sind leise. Frau Kieser ist so sauer, dass sie die Tests auf die Tische der Kinder knallt. Die Kinder fangen an zu arbeiten. Auf einmal gehen die Fenster auf und die Zettel fliegen raus auf den Schulhof. Alle schauen verwirrt durch die offenen Fenster. Danach holen alle ihre Brotdosen raus.

Plötzlich ruft Sam: „Mein Nutellabrot ist weg!"

„Und bei mir ist der Muffin verschwunden", schreit Mila.

Die anderen Kinder schauen in ihre Brotdosen, aber die Käse- und Wurstbrote sind alle noch da. Nur die Süßigkeiten sind weg. Die Kinder streiten sich und Frau Kieser geht verärgert aus der Klasse.

Plötzlich sagt Maila: „Da ist etwas Rosafarbenes in der Ecke und isst meinen Muffin!"

Es steht langsam auf und schaut in die Klasse. „Hallo, ich heiße Lizzy und bin das kleine Gespenstermädchen und wohne schon länger hier. Eigentlich bin ich unsichtbar, aber wenn ich Süßigkeiten esse, werde ich immer rosa." Jetzt wissen die Kinder auch, wer diese Streiche macht. Lizzy sagt: „Hoffentlich könnt ihr mir verzeihen, weil ich nämlich hierbleibe."

Emmi sagt: „Natürlich verzeihen wir dir."

Lizzy tut es leid, dass sie Frau Kieser geärgert hat, und möchte deshalb für sie eine Überraschungsparty machen. Die Kinder und Lizzy überlegen sich eine Party, die sie für Frau Kieser vorbereiten. Sie schmücken den Klassenraum mit Girlanden und vielen anderen Sachen. Alle Kinder sind schon aufgeregt. Plötzlich läutet der Gong und Frau Kieser kommt in die Klasse. Sie guckt überrascht und fragt, was hier los ist. Frau Kieser möchte gerade schimpfen, aber in diesem Moment streut Lizzy ihr Gespensterstaub über den Kopf.

Katharina sagt: „Wir wollten dir eine Freude machen und alle haben schöne Bilder für dich gemalt."

Frau Kieser guckt sich in der Klasse um und fängt auf einmal an zu lächeln. Lizzy freut sich, dass der Gespensterstaub wirkt und Frau Kieser sich über die Überraschung freut. Seitdem ist Frau Kieser die beste Lehrerin der Welt und Lizzy bleibt das kleine Gespenstermädchen der Klasse 3c.

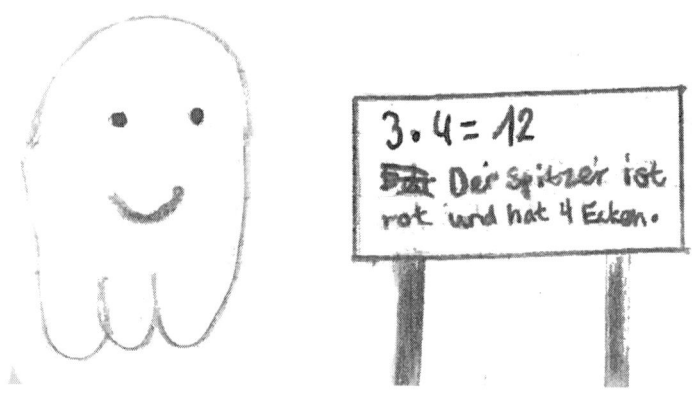

Marlene Moran

Gefangen in der Umkleide!

Amalia, ein Mädchen in der Fritz-Gansberg-Schule, ging mit ihren Freundinnen in die Klasse 3c. Die Freundinnen hießen Zoe und Maila. Außerdem war es Herbst und die Blätter waren schon ganz bunt.

Beim Sport sagte Frau Lulo: „Kinder, ihr könnt in die Umkleide gehen."

Maila, Amalia und Zoe waren die Letzten. Doch dann war auf einmal die Tür zu. Amalia fragte: „Was machen wir denn jetzt?"

Zoe sagte: „Beruhige dich! Bestimmt holt uns noch jemand."

Maila jammerte: „Aber es ist schon Mittagszeit!"

Frau Lulo hatte sie vergessen! Keiner merkte es. Plötzlich hörten sie ein Geräusch. Maila sagte ängstlich: „Da ist irgendwas!"

Zoe sagte: „Spürt ihr auch diesen Wind?"

Ja, den spürten sie. Die drei hatten Angst. Dann hörten sie noch ein Geräusch. Und dann sahen sie es! Da war ein Gespenst.

Maila rief: „Ah ah ah!"

Das Gespenst sagte: „Es tut mir leid, dass ich euch erschreckt habe. Ich bin Fritz, ich helfe euch, hier rauszukommen."

Zoe sagte erleichtert: „Danke, aber wo kommst du eigentlich her?"

Fritz antwortete: „Ich bin das Schulgespenst, ich wohne hier. Ich gehe jetzt durch die Wand und dann mache ich die Tür von außen auf."

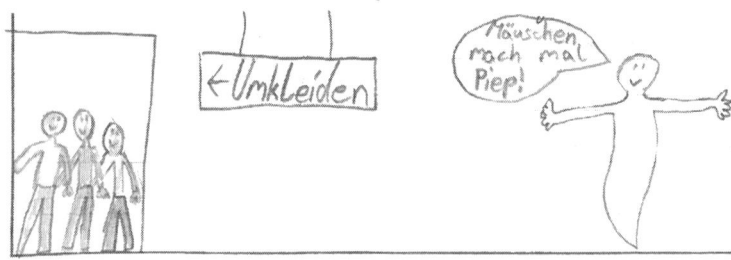

Amalia, Zoe und Maila fanden Fritz richtig nett. Gleichzeitig waren sie richtig erstaunt, denn niemand wusste, dass es an der Schule ein Schlossgespenst gab. Sie war nun die Einzigen, die es wussten. Sie freundeten sich mit ihm an.

Dann sagte Fritz voller Hoffnung: „Ihr könnt ja in der Pause mal wieder hierhinkommen."

Amalia sagte: „Wir schleichen uns hierhin."

Die drei schlichen sich nun öfter mal runter in die Umkleiden. Und dann spielten sie Verstecken. Das konnte Fritz richtig gut! Und so wurden die vier richtig dicke Freunde.

Amalia Wichmann

Ende

Lucy
und die Freundschaft

Es war der 12. Dezember. Gerade war es 15:25 Uhr und Lucy warf sich mit einem Buch in der Hand auf ihr Bett. Sie seufzte. Wieder einmal war ihre Mutter noch nicht von der Arbeit zurück. Lucys Mutter arbeitete als Erzieherin in dem Kindergarten, in dem Lucy selbst vor acht Jahren gewesen war, dieser war jedoch circa 30 Minuten von zu Hause entfernt. Lucy fand den Job ihrer Mutter zwar wirklich toll, doch war dieser oft ziemlich anstrengend. Im Moment suchte der Kindergarten Personal, weshalb Lucys Mutter oft bis 16:00 Uhr arbeiten musste. Heute, so wie jeden Freitag, hatte sich Lucys Mutter aber eigentlich vorgenommen, schon um 15:00 Uhr nach Hause zu fahren, um Lucy zum Tennistraining zu bringen. Lucy spielte seit einem Jahr Tennis und es machte ihr wirklich viel Spaß.

Lucy ging in die siebte Klasse und war zwölf Jahre alt. Die meisten aus ihrer Klasse waren schon 13, zwei Mädchen waren sogar schon 14. Sie ging auf das Gymnasium in Wallington. Lucy warf einen Blick auf die Uhr. Es war 15:40 Uhr. Sie war ganz in ihren Roman versunken. In fünf Minuten mussten sie losfahren zum Tennis. Lucy packte schnell noch ihren Tennisschläger ein und schnappte sich ihre Sportschuhe für die Tennishalle, die griffbereit neben ihrem Rucksack standen.

„Wo bleibt sie denn nur?", fragte Lucy sich.

In diesem Moment hörte sie, wie unten die Haustür aufgeschlossen wurde. Lucy rannte nach unten und ihre Mutter begrüßte sie.

„Hallo, Schatz, tut mir leid, dass ich so spät bin, aber es war sehr viel Verkehr."

„Okay, aber jetzt müssen wir schnell los, sonst kommen wir zu spät", antwortete Lucy und die beiden stiegen in den silber-grauen Mini.

Als sie ankamen, war Lisa schon da. Lucy hatte in einer Vierergruppe Tennistraining. Lisa ging in Lucys Klasse, die 7d. Bisher hatten Lisa und Lena, das war Lisas beste Freundin, Lucy immer ignoriert. Das machte Lucy nichts aus, denn Lisa und Lena hielten sich immer für etwas Besseres und wollten sowieso mit keinem aus der Klasse etwas zu tun haben. Heute war das zweite Mal Wintertraining, also in der kleinen Halle in der Nähe der Sportplätze. Lisa war heute das erste Mal da, denn letzte Woche war sie angeblich krank, dabei war sie am Vormittag in der Schule gewesen. Lucy hatte den Verdacht, dass es sowieso nur der Wunsch von Lisas Eltern war, dass ihre Tochter Tennis spielte. Bei Lucy war das Gegenteil der Fall. Sie hatte sich immer schon fürs Tennisspielen interessiert und letztes Jahr hatte sich ihr Wunsch dann erfüllt. Lisa lächelte Lucy zum ersten Mal zu, wovon Lucy ziemlich überrascht war.

Nach dem Training fuhren sie nach Hause und Lucy erzählte ihrer Mutter, dass Lisa heute ziemlich nett zu ihr gewesen war.

„Das freut mich, Lucy. Vielleicht werdet ihr ja doch noch Freundinnen."

„Ich glaube nicht", sagte Lucy. „Denn wenn sie mit Lena zusammen ist, ist sie ganz anders."

Lucys Vater war in der Zwischenzeit auch nach Hause gekommen und erwartete die beiden schon. Er arbeitete als Führungskraft in einem Büro, 20 Minuten entfernt.

Am Montagmorgen in der Schule ging Lucy an Lisa und Lena vorbei, die sich wieder total zickig aufführten. „Keine Spur von einem Lächeln so wie am Freitag beim Tennis", dachte Lucy. Eine Viertelstunde später kam ihre Klassenlehrerin in den Raum geeilt. Sie war jedoch nicht allein, denn sie schob ein Mädchen vor sich her in den Klassenraum.

„Guten Morgen!", sagte die Lehrerin. „Das hier ist eure neue Klassenkameradin Lilya. Ihre Familie kommt aus der Ukraine, sie spricht aber Deutsch und ist zwölf Jahre alt. Nehmt sie bitte ganz freundlich auf."

Lilya schaute sich etwas ängstlich um, doch die Lehrerin zeigte ihr den Platz neben Lucy. In der Pause unterhielt sich Lucy mit Lilya, die sehr nett schien, jedoch etwas verschlossen. Lucy fragte sie, warum sie so gut Deutsch sprechen könne, worauf sie antwortete: „Meine Familie ist zwar in der Ukraine geboren, doch mein Vater hielt es dort nicht lange aus, als der Krieg anfing. Deshalb ist er vor einem Jahr nach Deutschland gezogen. Meine Mutter verstand ihn zwar, sie wollte aber mit meiner älteren Schwester und mir dortbleiben, weil sie von dort einfach nicht weggehen konnte. Es ist ihr Heimatland. Doch nun konnte ich mit einer Freundin meiner Mutter mitgehen, die nach Deutschland geflohen ist. Meine Schwester wollte nicht mitkommen, weil sie unsere Mutter nicht alleine lassen wollte. Jetzt bin ich hier und wohne seit einer Woche bei meinem Vater und kann zum Glück in eine richtige Schule gehen. In der Ukraine habe ich bereits angefangen, Deutsch zu lernen, doch irgendwann fing der Krieg an. Dann hatten wir keinen Unterrichtsraum mehr, weil alles zerstört wurde, das war wirklich schlimm. Ich habe viel Angst um meine Schwester und meine Mutter."

Lucy verstand Lilya gut und Lucy konnte sich gar nicht vorstellen, wie es war, in einem Land zu leben, in dem Krieg herrschte.

Lilya fragte Lucy, was sie gerne machte, worauf Lucy antwortete: „Ich lese gerne Romane, schreibe auch gerne eigene Geschichten und spiele Tennis."

„Wow, das klingt nach Spaß", sagte Lilya.

Lucy merkte, wie Lilya sich langsam wohler zu fühlen schien. „Und was machst du gerne in deiner Freizeit?", fragte Lucy sie.

„In der Ukraine hatten wir nicht mehr viele Möglichkeiten, nachdem der Krieg begonnen hatte, aber davor habe ich mich immer einen Nachmittag in der Woche mit gleichaltrigen Mädchen getroffen, um zu zeichnen. Ich liebe es, kreative Bilder zu malen."

„Das ist ja toll, sagte Lucy, „wir haben freitags auch immer zwei Stunden Kunst. Das macht immer viel Spaß."

„Ja, das habe ich schon gehört, dann ist jetzt auf jeden Fall freitags mein Lieblingsschultag", erwiderte Lilya.

Der Gong ertönte und die Pause war zu Ende. Gemeinsam gingen Lucy und Lilya zurück in den Klassenraum. Kurz bevor ihre Lehrerin hereinkam, tuschelten Lisa und Lena miteinander. Es war zwar sehr leise, aber Lucy hörte Lena sagen: „Hast du gesehen, wie Lucy mit dieser Neuen geredet hat? Diese Lilya hat doch bestimmt voll den schlechten Einfluss auf sie. Ich meine, wer in einem Land gelebt hat, wo Krieg herrscht, der muss doch total traumatisiert sein."

„Meinst du?", fragte Lisa, die dies offensichtlich ziemlich weit hergeholt fand. „Das kann ich mir nicht vorstellen. Aber das kann uns doch auch egal sein, oder? Dann haben wir sie wenigstens nicht an der Backe."

Lucy traute ihren Ohren kaum. Sie wusste, dass Lena gern in Sachen ihre Nase reinsteckte, die sie gar nichts angingen, aber das war ja wohl die Höhe. Sie kannte Lilya gerade mal seit heute Morgen und hatte schon solche Vorurteile?

In diesem Moment ging die Tür auf und die Klassenlehrerin betrat den Raum. Nun hatten sie Mathe und Lucy vergaß die Sache schnell wieder. Lucy erzählte später beim Abendessen ihren Eltern von Lilyas Geschichte. Ihre Eltern hörten aufmerksam zu und freuten sich, dass sich die beiden Mädchen anscheinend auf Anhieb gut verstanden hatten.

Die Zeit bis zu den Weihnachtsferien verging schnell, und als die Ferien anfingen, verabredeten Lucy und Lilya sich oft und wurden immer bessere Freundinnen. Lucy musste dennoch weiterhin darüber nachdenken, ob Lilya überhaupt richtig Weihnachten feiern konnte, während ihre Mutter und ihre Schwester noch im Kriegsgebiet waren.

Lucy und Lilya verfolgten jeden Tag die Nachrichten und hofften sozusagen auf ein Wunder.

Schließlich war der 23. Dezember. Nur noch ein Tag bis Heiligabend. Heute wollte Lucy noch einmal Lilya besuchen. Die beiden Mädchen hatten den ganzen Nachmittag Spaß und Lucy wollte sich gerade auf den Heimweg machen, da kam Lilyas Vater herein und verkündete, dass er gerade mit Lilyas Mutter und ihrer Schwester telefoniert hatte und sie gesagt hatten, dass sie nun doch nach Deutschland kommen wollten!

Lilya konnte es gar nicht glauben und umarmte ihren Vater begeistert. Lucy war ebenfalls glücklich und erleichtert über diese gute Nachricht. Am Morgen des 24. Dezembers war es endlich so weit: Lilyas Mutter und Schwester kamen tatsächlich in Wallington an! Lilya und ihr Vater waren überglücklich, dass die beiden wohlbehalten angekommen waren.

Lucys Eltern waren ebenfalls sehr froh, dass die Familie wieder zusammen war. Da schlug Lucys Mutter vor, Lilya und ihre Familie heute einzuladen.

Lucys Vater stimmte zu: „Ja, das ist eine gute Idee. Das muss doch gefeiert werden!"

Lucy freute sich riesig. Lilya und ihre Familie freuten sich ebenfalls sehr über die Einladung. So konnten die beiden besten Freundinnen Lucy und Lilya doch noch ein so schönes und friedliches Weihnachtsfest zusammen feiern …

Emily Klöckner, Klasse 8.3, Grimmelshausen-Gymnasium Gelnhausen.

Eine Nacht
in der Sonnenschein-Schule

Auf Mallorca gibt es eine Schule und gegenüber einen großen Wald. Luis geht auf die sogenannte Sonnenschein-Schule. Er ist zusammen mit seinen beiden besten Freunden Linn und Till in der vierten Klasse.

Eines Tages trug Frau Keil ihnen auf, neue Kreide aus dem Sekretariat zu holen. Gerade als die Kinder das leere Sekretariat betraten, läutete es zum Schulschluss. Das bemerkten sie allerdings nicht. Sie wunderten sich nur, warum das Sekretariat verlassen war, doch sie wussten auch selbst, wo die Kreide stand.

Als sie die Tür zum Klassenzimmer öffneten, erwartete sie eine Überraschung. „Nanu, wo sind denn alle hin?", rief Luis erstaunt.

Hastig schaute Linn auf ihre Armbanduhr: „Wir haben schon seit über zehn Minuten Schulschluss!"

Schnell liefen sie zum Haupteingang und rüttelten an der Tür. Vergebungslos. Alles war verriegelt.

„So ein Mist!", rief Till. „Jetzt sitzen wir hier fest."

„Es könnte allerdings auch ganz lustig werden", überlegte Luis. „In unserer Klasse hat Frau Keil doch eine Kiste mit Süßigkeiten. Außerdem haben wir Kissen und Decken im Bücherregal. Wir könnten eine richtig coole Übernachtungsparty machen!"

Linn sagte: „Das ist eine sehr gute Idee, es gibt da aber ein Problem: die Überwachungskameras."

„Die sind kein Problem, der Hausmeister hat mir erzählt, dass sie sich 15 Minuten nach Schulschluss ausschalten. Das gibt die Regierung so vor. Zum Stromsparen. Sie sagen, dass hier eh nix Wichtiges aufbewahrt wird", erwiderte Till.

Luis ruft: „Na dann ... sturmfrei!"

Dong, Dong, Dong, Dong, Dong, Dong, Dong, Dong, Dong, Dong, Dong, Dong.

„Die Uhr schlägt die zwölfte Geisterstunde!", flüsterte Luis.

„Erzähl mir ja keine Gruselgeschichten", erwiderte Linn leise.

„Was war das?", fragte Till.

„Ich habe nichts gehört", sagte Linn.

„Da, das klang wie klappernde Töpfe", raunte Luis.

Linn sagte: „Spukt es hier etwa?"

„Lasst es uns herausfinden", entgegnete Luis.

Vorsichtig schlichen sie aus dem Klassenraum. Als sie in der Veranstaltungshalle und den Klassen 1, 2 und 3 nicht fündig wurden, betraten sie den Speisesaal. Auf den ersten Blick entdeckten sie nichts, doch als sie den Raum schon verlassen wollten, zeigte sich eine Gestalt.

„Was ist das denn?", rief Linn.

Die Gestalt ließ sich in dem Dämmerlicht nur schwer erkennen.

„Eine Katze!", stellte Luis richtig fest.

„Wie kommt denn eine Katze in die Schule?", wollte Till wissen.

„Die Frage ist, wie kommt ihr Kinder nachts in die Schule?", sagte eine Stimme.

„Wer ist da?", fragte Linn ängstlich.

„Na ich, hier auf dem Tisch", entgegnete die Stimme leicht genervt.

„D...d...du kannst sprechen?", stotterte Luis.

„Gestattet, Alexander, Nachfolger der großen Königin Lotte", zitierte der Kater würdevoll. „Was wollt ihr Kinder hier?", fragte er misstrauisch.

„Wir wurden aus Versehen hier drin eingesperrt", erklärte Till.

„Sprecht mit Königin Lotte, sie führt unsere Kolonie an", entschied Alexander.

Ein paar Sekunden vergingen, dann öffnete sich die Tür zur Küche. Eine komplett weiße Katze kam zum Vorschein und sprang würdevoll auf den Tisch, wo sich Alexander befand, der daraufhin in der Küche verschwand.

„Hallo Kinder", begrüßte die weiße Katze Luis, Till und Linn. „Ich bin Königin Lotte, die 325. von Mallorca. Alle Katzen Mallorcas gehören zu unserer Kolonie. Seit ein paar Wochen kommen wir nachts durch einen Tunnel im Keller in die Schule, weil es hier superleckere Sachen in der Küche gibt. Außerdem ist es hier windgeschützt. Das alles klingt erst einmal super, allerdings kommt uns euer mürrischer Hausmeister ständig in die Quere. Er will uns verscheuchen, deshalb wollen wir ihm in dieser Nacht ein für alle Mal eins auswischen. Dafür haben wir seit einer Woche sämtliche Boten geschickt, damit sich alle Katzen Mallorcas diese Nacht hier versammeln. Momentan laufen unsere Vorbereitungen auf Hochtouren. Wir haben letzte Nacht eine Tür im dritten Stock entdeckt. Seitdem versuchen wir, sie aufzubekommen, um den Raum dahinter für unseren Überraschungsangriff zu nutzen. Wir bekommen die Tür allerdings trotz aller Bemühungen nicht auf." Lotte holte tief Luft. „Nun frage ich euch: Wollt ihr uns helfen und Mitglieder der Kolonie werden?"

„JA, das wollen wir!", antworteten die drei wie aus einem Mund.

„Gut, dann kommt mit, Alexander und ich zeigen euch die Tür. Außerdem werden Charlie und Molly uns begleiten. Man weiß nie, was sich hinter dieser Tür verbirgt", sagte Lotte.

Die Kinder standen vor einem Rätsel. Sie wussten weder, von welcher Tür Lotte sprach, noch ob sie die Tür öffnen konnten.

Als sie den dritten Stock erreicht hatten, blieben die Katzen direkt vor der ersten Tür stehen. „Hoffentlich ist sie nicht abgeschlossen", hoffte Luis.

„Hier sind ein Riegel und eine Türklinke", stellte Till fest.

Linn erkannte: „Deshalb konnten die Katzen die Tür nicht öffnen! Ich habe mich schon gewundert, weil eine Klinke allein hätten sie bestimmt aufbekommen."

„Mal sehen, ob sie verschlossen ist", rief Till.

Luis drückte die Klinke, schob den Riegel auf und die Tür öffnete sich.

Nun herrschte Stille. Niemand sagte etwas. Zusammen betraten sie den Raum. Es war sehr, sehr dunkel. Luis tastete nach dem Lichtschalter, doch ohne Erfolg. „Sieht so aus, als müssten wir mit dem Mondlicht zurechtkommen", seufzte er.

Je näher die Katzen und Kinder den Fenstern kamen, desto besser konnten sie ihre Umgebung erkennen. „Wow, hier sind überall ausgestopfte Tiere", rief Till.

„Scheint ein altes Naturkundemuseum zu sein", sagte Luis.

„Hier gibt es ja alles", staunte Linn. „Fische, Eulen, Rotkehlchen, Möwen, Stachelschweine, Löwen, Krokodile …"

Dong, die Uhr schlägt eins. Linn erschreckte sich und ließ einen kurzen Schrei los.

„Bsst", zischte Molly. „Du holst noch den Hausmeister zu uns."

„Achtung, ich höre Schritte!", warnte Charlie.

„Alle verstecken!", ordnete Lotte daraufhin an.

Schnell versteckten sich Kinder und Katzen. Alexander presste sich mit seinem schwarzen Pelz an ein schwarzes Schwein, das von einem Löwen gejagt wurde, auf dem Molly kauerte, da sie cremefarbenes Fell hatte. Lotte, die so weiß war wie Schnee, verschmolz mit dem Bein eines Eisbären. Charlie fand erst kein passendes Versteck, doch dann sprang er kurzerhand auf ein Regal, das fast bis zur Decke reichte. Die Kinder waren nun die einzigen, die noch kein Versteck gefunden hatten, doch die Schritte kamen immer näher. Als sie sich nicht entscheiden konnten, flitzen sie hinter die Tür.

Der Hausmeister war nun einen Meter nach der Tür stehen geblieben und schaute sich um. Kurz darauf zog er die Tür zu, wobei er laut schallte: „Ich schließe jetzt ab. Früher oder später werde ich euch eh finden." Doch gerade als er den Schlüssel umdrehen wollte, entdeckte er die Kinder. „Da seid ihr ja, ihr frechen Schlawiner!", rief er und wollte sie an den Armen packen, doch da sprang Charlie von seinem Schrank herunter und nahm den Hausmeister mit sich auf den Boden.

Schnell eilten ihm die Kinder zu Hilfe. Zusammen pressten sie ihn auf den Boden, als Molly angerannt kam. Im Schlepptau hatte sie ein altes Fischernetz.

„Hier, wickelt ihn damit ein", rief Molly mit Seilen zwischen den Zähnen. Gerade wollten alle zusammen das Fischernetz auf den Hausmeister werfen, da rappelte sich dieser auf und warf die stehenden Kinder zu Boden. In diesem Moment erhaschte Luis einen Blick auf die Tür und sah gerade noch Lottes weißen Schwanz im Gang verschwinden. Sie war unterwegs, um Verstärkung zu holen.

Der Hausmeister stand über ihnen und überlegte, was er tun sollte. Kurzerhand nahm er Mollys Fischernetz und warf es über die Kinder. Die Kinder versuchten zu entkommen, verhedderten sich jedoch nur noch mehr im Netz. Im selben Moment kam Charlie, gefolgt von weiteren drei Katzen, die in den Raum gerannt waren.

„Da ist die Verstärkung", dachte Luis.

Die Katzen teilten sich blitzschnell auf. Eine Gruppe stürzte sich direkt auf den Hausmeister, die andere versuchte mühsam, das Netz zu entwirren. Als endlich alle Kinder befreit waren, führte Charlie sie in den hinteren Teil des Museums.

Dort erwarteten sie Lotte und ein Dutzend anderer Katzen.

„Gut, dass ihr hier seid, wir haben einen Plan!"

Lotte fuhr fort: „Auf der anderen Seite im Gang sind noch einmal doppelt so viele Katzen wie hier. Wir werden uns auf den Regalen, auf Tieren in der Nähe und am Boden verstecken. Alle Katzen am Boden sollen versuchen, den Hausmeister umzuwerfen. Dann kommt ein weiterer Trupp, der den Hausmeister mit ein paar Seilen fesseln wird. Ist er an den Händen und Füßen gefesselt, schreit Alexander, der den Trupp anführt, einmal laut. Daraufhin werden wir mit einigen großen Fischernetzen von den Regalen springen. Katzen, die sich hinter den Regalen versteckt haben, rollen ihn dann einmal durch den Raum. Dann werden alle zusammen den Hausmeister anheben und in dieser Truhe verstauen."

„So ist der Plan und jetzt werden wir ihn in die Tat umsetzen", sagte Charlie siegessicher.

„Hilfe!", hörten sie den Hausmeister schreien.

Lotte schmunzelte. „Anscheinend hat der erste Trupp schon begonnen. Wir sollten uns jetzt verteilen. Kinder, ihr bleibt hier, ihr müsst nachher den Deckel der Truhe anheben und die Truhe mit diesem Schloss verschließen."

Die Katzen sprangen auf die Regale, von einem zum anderen, jeder mit einem Stück Fischernetz im Maul. An der Decke waren nun unzählige Fischernetze gespannt. Kaum hatten sich die Katzen platziert, ertönte Alexanders Schrei. Alle Katzen sprangen von den Regalen und die Netze landeten auf dem Hausmeister. Schnell traten die Katzen zurück und ließen den Einrolltrupp an die Arbeit. Es lief alles wie am Schnürchen. Der Einrolltrupp rollte den Hausmeister ein und weiter bis zur Truhe, die die Kinder schon geöffnet hatten. Die Katzen hievten ihn auf die Schultern und wollten ihn in die Truhe fallen lassen, da geschah es. Ein Fischernetz verhakte sich an einer Verzierung der Truhe. Die Katzen versuchten, das Problem zu lösen, schafften es aber nicht. Die Kinder konnten ihnen auch nicht helfen, denn sie hatten allerhand zu tun, den schweren Truhendeckel zu heben.

BUM! Den Katzen war der Hausmeister zu schwer geworden. Durch den Schwung, mit dem er auf dem Boden aufkam, rollte er durch den ganzen Raum. Da sich ein Teil vom Netz verfangen hatte, wickelte er sich Stück für Stück auf, bis nur noch die Fesseln blieben. Doch dafür entdeckte der Hausmeister schnell eine Lösung. Er rappelte sich mühsam auf, nahm einen Piranhazahn und versuchte, seine Fesseln aufzuschneiden. Er hatte es fast geschafft, da stülpte Luis ihm von hinten einen Eimer über den Kopf und trug ihn zusammen mit vielen Katzen zur Truhe. Linn nahm ihm noch schnell den Piranhazahn ab, dann ließen sie den Hausmeister in die Truhe fallen, die sie anschließend sorgfältig verschlossen.

Am nächsten Morgen wachte Till zusammen mit Luis und Linn im Klassenzimmer auf. „War das etwa alles nur ein Traum?", fragte er.

„Es hat sich auf jeden Fall sehr echt angefühlt", erwiderte Luis.

„Hier, ich habe den Piranhazahn noch, es war also vielleicht doch kein Traum!", rief Linn.

„Wie spät ist es eigentlich, hätten wir nicht schon längst Unterricht?", fragte Luis.

„Stimmt wirklich, es ist schon 10 Uhr", stellte Till fest.

„Wisst ihr was, ich glaube, heute ist Samstag!", rief Linn.

Luis Frank ist zehn Jahre alt und in Deutschland geboren. Seit zwei Jahren lebt er auf der Mittelmeerinsel Mallorca und besucht dort die vierte Klasse der Deutschen Schule Eurocampus. Seine Interessen sind sehr vielfältig. Er reitet, klettert, töpfert, spielt Geige, liest sehr viel, schreibt gerne Geschichten und natürlich nutzt er sehr gerne die Möglichkeiten, die sich daraus ergeben, am Meer zu wohnen.

Das Geheimnis
der Glückskekse

Dieser Tag begann ganz normal für Sophie. Sie frühstückte und ging zur Schule. Doch schon oben in ihrer Klasse fing es an: Als Sophie in ihre Klasse ging, meinte sie, ein Geräusch aus der Ecke gehört zu haben. Doch als sie guckte, flog dort nur eine kleine, einzelne, mit Nebel gefüllte Seifenblase durch die Luft. Sophie drehte sich um und ging zu ihrem Platz. Da war sicherlich gar kein Geräusch gewesen. Als ihre Lehrerin in die Klasse kam, hatte Sophie die Seifenblase und das merkwürdige Geräusch schon wieder vergessen. Für Sophie ging der Tag normal weiter. In der Mittagspause schenkte ihre Freundin Marie ihr wie immer eine Art Glückskeks, nur dass Marie die Kekse selber machte und dass Marie auf den kleinen Zettelchen in den Keksen ihrer Fantasie freien Lauf gab. Sophie zerbrach ihren Keks und holte das kleine Zettelchen raus. Auf ihm stand:

Weit, weit weg im Weltall lebt eine fremde, böse Macht, die sich immer weiter ausbreitet. Irgendwann wird sie auch die Erde erreichen! Sie schafft es, sich unauffällig zu verbreiten! Sie könnte auch jede Sekunde uns erreicht haben!

Sophie lachte. Maries Zettelchen endeten immer mit irgendeiner Warnung. – Sie nahm die Warnungen nie besonders ernst, aber das sagte Sophie natürlich nicht laut. – Sie bedankte sich bei Marie und aß den Keks, der wunderbar schmeckte.

Als sie zu Hause an den Hausaufgaben arbeitete, meinte sie, ständig ein Tuscheln zu hören. Doch als sie sich umguckte, sah sie nur ein Glas Wasser. Der Tag verging und die Nacht auch.

Am nächsten Morgen in der Schule war ihre Lehrerin auffällig wirr und verträumt. Es wirkte, als ob eine Stimme in ihrem Kopf mit ihr reden und sie machtlos gehorchen würde. Das Schlimmste daran war, dass diese Krankheit sich wahnsinnig schnell verbreitete. In der Mittagspause hatte schon ein Viertel der Klasse diese Erkrankung. In der Mittagspause bekam Sophie von Marie, die – ein Glück – noch nicht von der Krankheit ergriffen worden war, mal wieder einen speziellen Glückskeks. Dieses Mal lautete die Botschaft:

An jeder Geschichte ist etwas Wahres dran, selbst an den verrücktesten, denn zu jeder Geschichte gibt es einen Grund, selbst wenn keiner ihn kennt! Also pass auf, dass deine Geschichten nicht zu grausam sind!

Sophie lächelte und aß ihren wunderbar leckeren Keks.

Am nächsten Morgen in der Schule waren alle Kinder außer Sophie so merkwürdig wie ihre Lehrerin. Und nur aus diesem Grund bekam Sophie in dieser Mittagspause keinen Glückskeks – und dieser, besonders das Zettelchen in ihm, fehlte Sophie sehr.

In dieser Nacht meinte Sophie, einen dumpfen Schlag aus ihrem Schrank zu hören, also kletterte sie aus ihrem Bett und sah nach, was dieses Geräusch verursacht hatte. Als sie die Schranktür öffnete, fiel ihr Blick sofort auf einen Brief, der auf einem dicken Buch lag. Sie nahm beides aus dem Schrank und kroch schnell wieder unter ihre warme Bettdecke. Sie machte ihre Nachtlampe an und betrachtete das Buch und den Brief misstrauisch mit strengem Blick. Doch Sophie konnte, so genau sie auch guckte, nichts Gefährliches an dem Buch und dem Brief erkennen und so öffnete Sophie ihn. In ihm stand in enger, verschlungener Handschrift:

Liebe Unbekannte,
ich bin ein – also das ist jetzt eigentlich ganz egal –, aber ich muss dir etwas sagen. Gleich werde ich mich als Person abmelden und dann wirst du die Einzige sein und dieser Brief und das Buch werden zu dir geschickt. Aber keine Angst, ich werde zurückkommen, wenn du genug gelesen hast. Dann sage ich mal – bis später!

Sophie runzelte die Stirn. Was für ein Verrückter hatte ihr denn diesen Brief geschrieben? Nun fiel Sophies Blick auf das Buch. Es sah sehr, sehr geheimnisvoll aus. Sophie legte den Brief beiseite und schlug das geheimnisvolle Buch auf.

Schon auf der ersten Seite begann der Text. Auf dem Papier stand:

Das Große Böse erobert die Macht, es wird immer größer! Bring dich in Sicherheit, bevor es zu spät ist. Geh in den Wald und lies dann weiter. Und pass auf, dass du nicht deine Gefühle außer Kontrolle verlierst. Sieh' immer das Positive an den Sachen, die passieren. Und halte übrigens Abstand vor allem Durchsichtigem. Nimm das Buch mit und am bestem auch noch eine Taschenlampe. Lies im Wald weiter!

Die Seite war zu Ende. Sophie dachte nach. Sollte sie dem Buch gehorchen und in den Wald gehen?

Dagegen sprach: Erstens, dass es gerade tief in der Nacht war! Und zweitens, dass nur ein Buch ihr sagte, dass sie zu gehen habe!

Dafür sprach: Erstens, dass ihr wirklich überall durchsichtige Sachen über den Weg liefen! Und zweitens, dass das mit der bösen Macht zu dem komischen Verhalten der Kinder und ihrer Lehrerin passte!

Zu guter Letzt entschied Sophie sich dafür, dem Buch zu gehorchen und loszugehen. Sie konnte ja jederzeit wieder zurück nach Hause gehen. Und so zog Sophie sich an und packte das Buch und ihre Mini-Taschenlampe in ihren Rucksack ein.

Die Nacht war dunkel und kalt und die Straßen waren ausgestorben leer. Doch Sophie ließ sich von nichts entmutigen. Zwischendurch sah sie Seifenblasenschauer, Eiszapfen und sogar kleine Regenschauer begegneten ihr. Von allem hielt sie viel Abstand!

Im Schutz der Bäume hielt sie an. Sophie holte ihr Buch und ihre Mini-Taschenlampe raus und begann zu lesen:

Vor zehn Jahren begann etwas Schreckliches, ich werde es dir erzählen: In einer nebeligen Nacht entstand aus Nebel, Seifenblasen, Glas, Wasser, Atem, Eis und einem transparenten Schein ein Geist, dessen Seele mit Gier und Hass gefüllt war. Er suchte das Böse und Schreckliche in jedem Menschen, immer wenn jemand negative Gefühle empfand, wurde er dazu gebannt, für den Geist zu arbeiten. Obendrein verloren die Menschen, die er verzaubert hatte, je länger sie gefangen waren, langsam den Verstand. So wurde es immer schwerer für sie, sich von dem Bösen zu befreien. Sie verteilten durchsichtige

Sachen. Wenn man diese berührt, ist man von dem Geist gefangen.
Ihm gehorcht schon jedes lebendige Wesen – außer dir. Sonst wäre
dieses Buch nicht erschienen. Es hält alle wichtigen Infos für dich
bereit, auch wenn sie erst gerade jetzt passieren.

Sophie blinzelte. Sie war sehr müde vom Lesen geworden. Sie machte ihre Mini-Taschenlampe aus und packte sie und das Buch in ihren Rucksack, dann schlief sie ein.

Als die Morgendämmerung hereinbrach, wachte Sophie auf. Sie nahm ihren Rucksack und ging bis zum Waldrand. Als sie dort ankam, schien die Sonne schon wärmend auf ihre Haut. Sie setzte sich und wollte ihr Buch herausholen. Doch sie fand es nicht, es war schrecklicherweise weg!

Plötzlich tippte jemand Sophie auf ihre Schulter, sie hätte fast geschrien! Schnell fuhr sie herum und erschrak. Dort, auf einer winzigen Leiter, da stand ein winzig kleiner Mann und lächelte sie mit freundlichem Gesicht an. Der winzige Mann öffnete seinen winzigen Mund und sagte lächelnd: „Hallo!"

„Wer bist du?", schrie Sophie.

Der winzige Mann erschrak. Fast wäre der winzige Mann von seiner winzigen Leiter gefallen. „Schrei nicht so laut! Sonst entdeckt man uns noch!", flüsterte der Winzling zurück. „Um deine Frage zu beantworten: Ich bin ein Winzlodie von dem Planeten Winzladio und ..."

„Du bist ein *was?*", unterbrach ihn Sophie.

„Ein Winzladio, sagte ich doch! Und zu deiner Info: Dein Büchlein ist weg, weil ich mich von dem bösen, bösen Ghost befreit habe. Und ich habe einen Plan, wie wir ihn besiegen können. Übrigens, mein Name ist Bert Fritz Solowinz. Ich habe dir auch den Brief geschrieben. Also, wann gehts los?" Die Augen von Herrn Solowinz wurden immer größer.

Sophie fragte verwirrt: „Äh, was ist dein toller Plan eigentlich?"

Herr Solowinz blickte sich um und holte dann ein langes, grünes Rohr aus seiner Tasche. Er flüsterte Sophie durch das Rohr seinen Plan ins Ohr.

Sophie blickte ihn verwirrt an. „Und du meinst, das klappt?", fragte sie Herrn Solowinz mit gerunzelter Stirn.

Der lächelte nur breit und sagte: „Na logo!"

Sophie und Herr Solowinz kamen gegen Mittag in der Stadt an. Herr Solowinz hatte in Sophies Rucksack einen Platz ergattert und so gingen die beiden zusammen einkaufen. Auf ihrer Einkaufsliste stand:

eine Musikbox,
Party-Hüte,
bunte Tröten,
Blumen,
ein Saugnapf und
ein Witzebuch

Nachdem sie alles gekauft, na ja eher ganz aus Versehen mitgenommen hatten, nahm Herr Solowinz seinen Kolidu (Zeitumkehrer) hervor und meinte, dass er jetzt einen kurzen Abstecher zu seinem Planeten machen müsste – und schon war er weg. Doch bereits zehn Sekunden später stand er wieder mit einem dicken Buch in der Hand vor ihr. „So jetzt gehts los!", hörte Sophie eine Stimme aus ihrem Rucksack.

Die beiden folgten stundenlang den durchsichtigen Spuren, bis sie vor einem riesigen Schloss ganz aus Nebel standen. Doch davor standen mindestens 10.000 Wachen. Alle schienen derselben Stimme zu gehorchen.

Sophie machte die Musikbox an, setzte sich einen Party-Hut auf und blies in ihre Tröte. Die gute Stimmung zog alle an. Die Wachen blickten verwirrt. Dann vergaßen sie die Stimme in ihrem Kopf und kamen, einer nach dem anderen, um sich eine Tröte oder einen Party-Hut zu holen und zu tanzen.

Sophie spürte ein leichtes Wackeln aus ihrem Rucksack. Sie ließen die tanzenden Wachen stehen und spazierten in das Schloss hinein. Das Schloss war voll von Leuten, die umhertorkelten und eine Stimme im Kopf hatten. Immer wenn sie auf einen trafen, machten sie ihn auf dieselbe Weise wie die Wachen glücklich.

So tasteten Sophie und Herr Solowinz sich bis zum allerhöchsten Raum hoch. Sophie stieß die Tür auf. In dem Raum saß ein schrecklicher Geist auf einem hohen Stuhl. Sophie holte das Witzebuch, den Saugnapf und das Buch von dem Planeten Winzladio heraus und begann laut, Witze vorzulesen.

„Treffen sich zwei Hunde. Sagt der eine: Ich bin adelig. Ich heiße Hasso von Hirschhausen. Sagt der andere: Ich bin auch adelig. Ich heiße runter vom Sofa!"

Die Zeit verging und der Geist zuckte mit keiner Wimper. Sophie gingen langsam die Witze aus. Plötzlich hörte Sophie eine Stimme. Sie schien so weit weg und doch so nah: „Versuche es auf einem anderen Weg. Es ist noch nichts verloren."

Sophie überlegte. Doch sie hatte keine Ahnung, wie sie den grässlichen Geist besiegen konnte.

Nun begann Herr Solowinz mit seiner albernen Piepsestimme zu reden: „Entschuldigung? Mister Ghost? Dürfte ich Sie mal was fragen?"

Eine leere, eisige Stimme antwortete: „Sie haben mir schon eine Frage gestellt, aber Sie dürfen mir wegen meiner großen Güte auch noch eine stellen."

„Haben Sie einen Wunsch, der mehr ist als Macht?", fragte Herr Solowinz ausnahmsweise mit ernster Stimme.

„Ähm!" Der Geist räusperte sich und fuhr kleinlaut fort: „Wissen Sie, als Geist, wenn man da nicht so dick eingepackt ist wie Sie zwei, na ja, da hat man schon einmal Sehnsucht nach warmen Wollsocken. Na ja, und mir ist oft sehr kalt. Und mir ist auch zu Ohren gekommen, dass Socken da helfen sollen." Der Geist war purpurrot geworden. Die Stimme des Geistes war wieder ernst: „Aber warum fragen Sie überhaupt? Das geht Sie gar nichts an!"

Herr Solowinz grinste Sophie an und sie verstand. „Wissen Sie, Herr Ghost, ich kenne eine Geschichte, in der Socken gerettet werden müssen, und es hat noch keiner geschafft. Könnten Sie sich vorstellen, sie zu retten?", fragte Sophie den Geist.

Und dieser antwortete ganz und gar begeistert: „Äh, meinen Sie, die Socken wären damit einverstanden und würden mich mögen?"

„Na klar!", sagte Herr Solowinz. „Aber ich glaube, Sie wären noch beliebter bei den Socken, wenn Sie Ihre Gefangenen freiließen und das Nebelschloss zerstören würden."

„Oh ja, das tue ich, wenn ich dann noch beliebter bin!" Er schnipste und das riesige Nebelschloss wurde zu einem dünnen Nebelschleier.

Sophie hob den Saugnapf und der Nebelschleier schwirrte in ihn hinein. Herr Solowinz schlug das leere Buch auf und Sophie klatschte den Saugnapf auf die erste Seite – das Buch begann sich nun zu füllen.

„Tschüss, alle zusammen, ich geh' auf Sockenrettung!", rief der Geist und winkte.

Sophie winkte glücklich zurück.

„Der Arme, er wird nie Socken finden!", sagte Herr Solowinz.

„An jeder Geschichte ist etwas Wahres dran", sagte Sophie und lächelte.

Weiter konnte sie nicht reden, weil ihr nun schon Marie in die Arme fiel. Sie hatte einen Glückskeks für Sophie. Auf dem Zettel stand:

Ein neues Abenteuer ist nicht mehr weit weg. Es ist sogar schon ganz nah. Pass gut auf!

Luisa Dems: *Ich wohne in Hamburg, bin 9 Jahre alt und gehe in die vierte Klasse. In meiner Freizeit spiele ich Hockey und Klavier und treffe mich mit Freundinnen.*

Schulgeschichten 2.0

Prolog

Heute ist es so weit. Norina und Matteo wandern mit der Klasse 4c um den See – mit Übernachtung. Norina packt eine Banane, ein Sandwich und ein Pack rote Jelly Beans ein. Matteo packt einen Apfel, ein Sandwich und ein Päckli grüne Jelly Beans ein.

Der See

Nach einer längeren Fahrt kommen sie am Baldeggersee an. Zuerst essen sie ihren Znüni. „Wollen wir schwimmen gehen?", fragt Norina.

Matteo antwortet: „Ja, sicher!"

„Frau Hafner, dürfen wir?"

„Ja, ihr dürft natürlich schwimmen gehen", antwortet Frau Hafner. Norina geht zuerst mit ihrer Freundin Luisa schwimmen. Matteo geht mit Luca und Jan zu dem Ein-Meter-Sprungbrett. Dann will Frau Hafner weiterwandern.

Die Wanderung

Luisa und Norina genießen es. Matteo. Luca und Jan sind immer die Vordersten. Sie rennen davon. Endlich machen sie eine Pause, es gibt Raketeneis. Dann dürfen sich alle erneut im See abkühlen.

„Ahhh, tut das gut", meint Luisa. Die Jungs machen eine riesen Wasserschlacht. Theo und Gian machen auch noch mit. Irgendwann spielen dann auch die Mädchen mit. Dann geht es weiter.

Am Ziel

Endlich sind sie am Übernachtungsort angekommen. Matteo sagt: „Hier kann man super schwimmen und Wasserschlachten machen."

„Es gibt sogar ein Zehn-Meter-Brett", ruft Jan.

„So, Kinder", ruft Frau Hafner, „stellt alle eure Zelte auf!"

Natürlich sind Norina und Matteo zusammen in einem Zelt. Luisa, Jan und Luca sind auch dabei.

Die Nacht

Am Abend grillieren sie Würste und Schlangenbrot. Und zum Dessert natürlich Marshmallows. „Mhhhh, so lecker!", meint Theo. „Ja", sagt Gian, „megagut."
Dann spielten sie noch *Raupen* in ihren Schlafsäcken. Später ist Nachtruhe und sie müssen schlafen. Plötzlich wachen Norina und Matteo auf. Sie wecken ihre Freunde auf.
„Wir hören so unheimliche Geräusche!"
Jan meint schlaftrunken: „Sollen wir nach draußen gehen?"
„Ja, klar", antworten alle im Chor.
Sie schleichen ganz langsam in den Wald hinein. Plötzlich hörten sie ein lautes *Rooooooaarrrr*! Die Mädchen zucken zusammen.
„Was ist das?", fragt Norina.
„Etwas Unheimliches", antwortet Luisa.
Plötzlich meint Jan: „Dort ist ein Steinhaufen."
Luca erwidert: „Das ist eine Ruine!"
So gehen die Kinder in die Ruine hinein. Matteo ruft: „Dort ist ein Lautsprecher, der hat *rooooooaaarrr* gemacht, um uns herzulocken."
„Hier, hier", schreit Luisa, „wir müssen diesen Zettel fangen." So fangen sie den Zettel und wollen zurückgehen.

Verirrt

Aber dann finden sie den Weg nicht mehr zurück. Norina und Luisa fangen verzweifelt an zu weinen. Aber dann fällt Luca ein Licht auf. Er sagt: „Dort muss das Camp sein."
Tatsächlich – sie finden zurück und gehen dann zurück in ihr Zelt. Sie versprechen sich gegenseitig, den anderen nichts zu sagen. Müde und erschöpft schlafen sie ein.

Die Schatzkarte

Am nächsten Morgen sind sie die Letzten, die aufstehen. Die Nacht war kurz und streng. Jan flüstert: „Kommt, wir schauen uns die Karte an."
Matteo erwähnt die komischen Sätze: „Ssaf mi ssolf med retnu."
„Das ist ja voll komisch", meint Norina.

„Was soll das heißen?", fragt Luca.

Matteo meint: „Vielleicht müssen wir die Wörter rückwärts lesen."

Luisa sagt: „Ja, das macht Sinn."

Dann sagt Jan: „Aber da steht jetzt ja: fass im floss dem unter."

„Vielleicht müssen wir die Wörter auch noch rückwärts lesen", meint Luca. „Ja, dann steht da: Unter dem Floss im Fass."

Der Schatz

Die Kinder fragen Frau Hafner, ob sie tauchen gehen dürfen. Frau Hafner sagt Ja und verteilt den Kindern Taucherbrillen.

Zuerst vereinbaren die Kinder eine Zeichensprache, sodass sie sich unter Wasser verständigen können. Und dann ist es so weit und sie gehen tauchen.

Beim Floss angekommen, tasten sie alle Fässer ab. Es bleibt nur noch eins übrig. Jan sagt in Zeichensprache: „Dieses Fass tönt anders!"

„Schaut mal, ich habe eine Klappe gefunden", sagt Luisa – natürlich auch in Zeichensprache.

„Wow", sagten alle Kinder, wie aus einem Mund. Sie entdecken eine Schachtel im Fass, dann tauchen sie auf.

Sie begegnen Frau Hafner, die fragt: „Was habt ihr den da gefunden?"

Gemeinsam öffneten sie die Kiste. „Wow, das sind ja Gold und Edelsteine!", sagen Norina und Matteo gleichzeitig.

Dann sagt Frau Hafner: „Aber bitte erzählt mir jetzt die ganze Geschichte."

Und dann erzählten die Kinder die ganze Geschichte.

Elin und Aila Lee sind Schwestern. Elin ist 10 Jahre alt, Aila 9. Sie lesen beide gerne. Elin spielt Gitarre, Aila Ukulele. Sie wohnen in Menziken in der Schweiz und gehen in die 5. beziehungsweise in die 3. Primarschule.

Schulgeschichten 2.0 aus Dresden

Schülerinnen und Schüler der 3. Klasse der

Privaten Ganztagsgrundschule

der Privaten Schule IBB gGmbH Dresden

Die gefährliche Klassenfahrt

Es war ein schöner Frühlingsmorgen, als Franziska und Filipp aufwachten. „Mist, wir müssen uns beeilen, sonst kommen wir zu spät in die Schule! Und außerdem haben wir heute Klassenfahrt." Schnell zogen sie sich an, aßen ein Brot und putzten Zähne. Dann rannten sie zur Schule. An einer Kreuzung trafen Franziska und Filipp Jana. Sie war auch in der Klasse von Franziska und Filipp. „Hey Jana!", sagte Franziska. „Komm!" Dann rannten sie weiter. Sie machten ein Wettrennen, wer zuerst an der Schule war. Filipp gewann und Franziska war die Letzte. Filipp hatte schon an der Schultür geklingelt, doch niemand öffnete. Die drei überlegten, wo wohl die anderen sein könnten.

Schließlich hatte Jana eine Idee. „Gestern hat Frau Grell doch gesagt, dass wir uns an dem Spielplatz treffen."

„Stimmt, dann müssen wir da hin", sagte Filipp. Sie rannten sofort los.

Endlich kamen sie an. Frau Grell hatte schon auf sie gewartet. „Kommt, Kinder, jetzt wollen wir los."

Die ganze Klasse ging zur Bushaltestelle und fuhr mit einem langen, grünen Reisebus los. Sie mussten drei Stunden fahren. Und vielleicht auch noch ein bisschen länger. Dann passierte eigentlich nichts, nur dass immer mehr immer eiliger auf die Toilette mussten oder Hunger bekamen. Doch dann waren sie da.

Schnell nahmen alle ihre Koffer und stiegen aus. Dann machten sie erst einmal eine Pause zum Pullern und Essen. Dann, als alle wieder da waren, gingen sie zu ihren Schlafplätzen. Das waren alte Baumhäuser im Wald. Es gab drei Baumhäuser, zwei davon waren für die Kinder. In jedem Haus zehn – in einem zehn Mädchen, in dem anderen zehn Jungs. Die Lehrerin hatte ein kleineres Baumhaus, aber sie war ja auch allein.

Die Kinder durften jetzt noch auf der Wiese unten spielen, während die Lehrerin von oben die Kinder im Blick behielt. Filipp, Franziska, Jana, Max und Charlotte spielten Verstecken. Ben und Ole bauten ein Haus aus Stöcken. Und der Rest spielte Steh-Geh. Nach etwa 15 Minuten rief die Lehrerin sie zum Abendbrot. Alle kamen und setzten sich auf einen Stein. Sie holten Bratwürste aus ihren Rucksäcken und ließen sie über dem Feuer braten. Auf einmal meinte Filipp, dass Max fehlen würde.

„Stimmt!", sagte die Lehrerin, nachdem sie sich umgeguckt hatte. Sie zündete ein paar Fackeln an und bildete Gruppen. In einer Gruppe waren Filipp, Franziska, Jana, Ben und Ole. Sie gingen schon mal los. Jana hatte ihre Uhr um. Sie hatten 20 Minuten Zeit zum Suchen. Sie gingen an vielen Bäumen vorbei, da hörten sie etwas. Einen leisen Hilfeschrei. Schnell rannten sie los. Und tatsächlich sahen sie wenig später einen Kopf aus dem Boden gucken.

„ACHTUNG! Bleibt stehen! STOPP!"

Sie versuchten, zu bremsen, doch leider schaffte Jana es nicht mehr. Wenig später guckten zwei Köpfe aus einem großen Moorloch. Schnell holte Filipp zwei dicke Stöcke aus einem Gebüsch. Franziska nahm die eine Seite vom Stock und Filipp die andere. Den anderen Stock schnappten sich Ben und Ole. Filipp und Franziska gingen mit dem Stock über Jana. Jana hielt sich an dem Stock fest und zog sich heraus. Dasselbe machte Max auch.

Schließlich gingen sie zurück zum Feuer und warteten auf die anderen. Ein wenig später kamen sie. Alle waren froh, dass Max wieder da war. Als die Lehrerin Frau Grell eintraf, fragte sie Max: „Wo warst du denn?"

Max sagte: „na ja, ich habe mit Filipp, Jana und noch vielen anderen Verstecken gespielt. Und wollte mich im Gebüsch verstecken. Dann war da auf einmal ein großes Moorloch. Und ich bin genau reingefallen."

„Ach, deswegen bist du auch so schmutzig. Und warum ist Jana auch so schmutzig?"

„Sie konnte nicht mehr bremsen und ist auch reingerannt. Und ja, dann haben die anderen uns herausgezogen."

„Na ja, ist ja auch egal. Ihr geht jetzt ins Bad und macht euch sauber, während ich mit den anderen esse."

Nun aßen sie Bratwürste, Kartoffeln und Spinat. Dann kamen auch Jana und Max, sie aßen nun auch. Als Jana den letzten Bissen gegessen hatte, kracht es auf einmal. Alle – auch die Lehrerin – zuckten zusammen. Sie drehten sich zu den Baumhäusern um und erschraken. Das Baumhaus der Lehrerin lag am Boden. Alle rannten hin, doch die Lehrerin Frau Grell holte sie zurück, denn ein paar Sekunden später krachte ein ganzer Ast runter.

Schnell holte die Lehrerin die Sachen aus den anderen Baumhäusern und machte das Feuer aus. Jeder nahm sein Gepäck und sie stellten sich in einer Reihe auf. Dann ging die Klasse mit der Lehrerin zu dem Waldbesitzer und erzählten ihm alles.

Er sagte: „Oh weh! Hat irgendjemand noch etwas in einem Baumhaus drin?" Die Lehrerin Frau Grell meldete sich. „Okay, dann hole ich das noch."

Er rannte los. Ein paar Minuten später krachte es wieder. Doch da kam er auch schon zurück.

„Hat dich der Ast erwischt?", fragte die Lehrerin.

„Welcher Ast denn?", fragte der Mann.

„Na, es hatte doch gekracht", antwortete Frau Grell.

„Ach so! Das war ich. Ich habe die anderen Baumhäuser untersucht und dabei ist mir ein Stuhl runtergefallen."

„Ah, na dann, tschüss. Wir müssen jetzt nämlich weiter", sagte Frau Grell.

Dann gingen sie in Zweierreihe zum Bus und stiegen ein. „Muss noch mal jemand auf Toilette?", fragte Frau Grell.

Die halbe Klasse rannte los.

„In fünf Minuten kommt ihr aber wieder!", sagte Frau Grell.

Tatsächlich waren alle pünktlich zurück und der Bus fuhr los. Sie fuhren nur eine halbe Stunde, denn dann hatten sie die Idee zu zelten, nachdem sie einen Zeltplatz mit Mietzelten gesehen hatten. Je zwei Kinder konnten sich ein Zelt aussuchen. Es wurde dunkel und sie legten sich ins Zelt. Dann schliefen sie bald ein.

Am nächsten Tag fuhren sie wieder zu den Baumhäusern und halfen beim Reparieren, denn sie wollten wieder darin schlafen. Sie bauten und bauten. Dann waren sie endlich fertig. Sie aßen noch die letzten Kartoffeln und Bratwürste und gingen müde ins Bett. Sie schliefen sofort ein.

Am nächsten Tag wollten sie zurück in die Schule. Sie wachten auf, zogen sich an und trafen sich unter den Baumhäusern. Als auch Charlotte endlich da war, gingen sie zum Bus und fuhren zur Schule. Dort warteten schon viele Eltern. Filipp und Franziska rannten sofort zu Mama und Papa und erzählten ihnen alles. Aber auch die anderen erzählten den Eltern alles. Diese aufregende Klassenfahrt werden sie nie vergessen.

Emilia, 9 Jahre

Die Schulgeistschule

An einem schönen Sommermorgen geht Paul zur Schule. Paul ist ein Schulgeist. Er geht in den Keller der 168. Grundschule. Da liegt die Schulgeistschule. Er muss jeden Morgen sein Geisterpulver aufessen. Geisterpulver ist ein fast durchsichtiges, blaues Pulver und wenn man das isst, dann wird man unsichtbar. Auf jeden Fall ist Paul jetzt schon da. *DINGDONGDINGDONG!*, hallt es durch den Keller. Der Unterricht beginnt! Paul fliegt in Lichtgeschwindigkeit in die Klasse. In der letzten Sekunde sitzt er auf seinem Platz. Er sitzt neben seiner besten Freundin. Sie waren schon zusammen im Geisterkindergarten.

Und jetzt machen sie zusammen ein Projekt. Es gibt in der Grundschule eine neue Klasse und die Lehrerin soll leiden! Es ist nämlich ein perfektes Training für die Geister.

Zwei Wochen, drei Stunden und sechsunddreißig Sekunden später, dann haben sie einen perfekten, wirklich perfekten Plan.

Wieder zwei Wochen später ist es so weit. Es geht los. Sie haben alles besorgt. Also Bahnfrei-Geisterbrei. Das ist das Gleiche wie Bahnfrei-Kartoffelbrei. Zuerst kleben sie die Tür zu und über die Tür kommt ein großer Eimer voll mit SCHLEIM. Glibberig und grün. Wenn man die Tür aufmacht, kippt der Eimer um. Die Kinder werden dann die Tür nicht aufbekommen. Also wird die Lehrerin die Tür aufmachen. Da die Türklinke bewegt sich ...

Fünf Minuten später. Die Tür geht auf. Der Eimer kippt um und rasch steht eine glibberige und grüne Lehrerin in der Tür. Alle prusten und lachen los. Leider ist jetzt Schulschluss.

Johanna, 9 Jahre

Die
unerwartete Überraschung

Es war ein schöner Morgen. Alle Vögel zwitscherten. Und alle aus der Klasse 5d waren da, auch Frau Kellermann. Sie begrüßte die Klasse. Frau Kellermann sagte: „Liebe Klasse, ihr braucht keine Angst vor den kommenden Elterngesprächen zu haben."

Aber in Maxis Augen bildete sich kein Glück ab, sondern viel Angst. Und er rutschte vom Stuhl. Am liebsten hätte er nicht zugehört. Weil er Elterngespräche nur hasste. Maxi hatte viel Angst, dass seine Lehrerin irgendwas Schlechtes über ihn sagen würde, weil er einen Roman geschenkt bekommen hatte und sein Vater ihm diesen wieder wegnehmen würde. Er suchte nach Ausreden. Aber er hatte nur schlechtere Ideen auf Lager. Was könnte er Gutes entgegnen, damit er seinen Roman nicht entzogen bekam?

Er ging zu seinen Freunden in der Pause und fragte, ob sie eine gute Idee hätten. Alle seine Freunde sprachen durcheinander. Doch als seine Freundin Alisa sprach, unterbrach Maxi: „Diese Idee ist es! Weil ich gemerkt habe, dass Frau Kellermann ihren Kaffee immer um 11 Uhr macht." Maxi hatte noch zwei Fragen an Alisa: „Du hast gesagt, dass jemand sich als Frau Kellermann verkleidet und dass jemand sie anlügt. Aber wer lügt Frau Kellermann an? Und überhaupt, wer verkleidet sich?"

„Na, du lügst Frau Kellermann an, Maxi."

„Aber du weißt schon, dass ich Magenschmerzen bekomme. Weil ich einfach ein echt blödes Gefühl habe danach."

„Ach, Maxi, du schaffst das schon", sagte Alisa.

„Und dann noch die letzte Frage an dich, Alisa. Wer verkleidet sich als Frau Kellermann?"

„Na Robin!"

Die Schulglocke läutet! Und als die letzte Stunde vorbei war, ging es schon los. Fast alle waren auf ihren Posten. Alisas Eltern waren nicht da, denn Alisa war während des Unterrichts krank geworden.

Und als Maxis Eltern dran waren, war Robin als Lehrerin verkleidet. Maxis Eltern fragten: „War Maxi immer sehr fleißig und schnell beim Arbeiten?"

Robin sagte: „Ja, er ist sehr fleißig und arbeitet schnell."

„Uh, haben Sie auch dieses Lexikon?", fragte Maxis Mama.

„Wieso?", fragte Robin.

„Weil mein Sohn dieses Buch auch bekommen hatte. Und da wollte ich fragen, welche Stelle für Sie am besten war?"

Emmi saß unter dem Tisch, aber sie konnte nicht so gut schauspielern. Weil sie extra als Notfallplan da war und Dinge pantomimisch vorgelesen hatte.

Robin antwortete: „Die Stelle, wo über die Pferde gesprochen wird."

Dann verabschiedeten sie sich. Maxis Eltern gingen auf dem Flur, um Maxis Schulsachen einzuräumen. Doch dann bemerken sie die echte Frau Kellermann. Sie begrüßten sich und Frau Kellermann wollte die Eltern gleich zum Gespräch bitten.

„Aber wir haben doch schon mit Ihnen gesprochen?", sagten Maxis Eltern.

„So, und was habe ich gesagt?"

„Dass Maxi ein sehr fleißiger Schüler ist und dass er auch sehr aufmerksam ist."

„Aber ich wollte auch noch was anderes ergänzen", sagte die echte Frau Kellermann. „Er hat nie Streit mit anderen Schülern. Er ist sehr beliebt."

Maxi hatte zugehört und war sehr, sehr erleichtert. Der Schwindel war nicht aufgeflogen.

Theresa, 8 Jahre

Ein aufbrausender Schüler

Jay ist acht Jahre alt und geht in die zweite Klasse einer modernen Grundschule. An einem Montagmorgen geht er durch die große Schultür, zieht sich um und rennt ins Klassenzimmer. Eigentlich mag Jay an der Schule nur Sport und die Pausen. In Deutsch, Mathe und den anderen Fächern passt er nie richtig auf.

Plötzlich kommt die Lehrerin zur Tür herein. Alle Kinder sitzen bereits auf ihren Stühlen, nur Jay kickt noch mit einem Fußball im Raum herum.

„Jay! Setz dich bitte!", ruft die Lehrerin streng.

Der Schüler trottet zu seinem Platz und setzt sich nieder.

„So, dann können wir ja endlich mit Deutsch anfangen. Heute wollen wir unsere Rechtschreibung verbessern", kündigt die Lehrerin an. Nach und nach ruft sie die Kinder auf und lässt jeden ein anderes Wort an die große Tafel schreiben. „So, okay, Alana, jetzt ist alles richtig geschrieben. Jay, schreib doch bitte das Wort *Deutschunterricht* an die Tafel."

„Kein Problem!", ruft der Schüler, während er rennend und springend die Tafel erreicht. Eigentlich hat er keine Lust auf Schreiben. Und außerdem hat er überhaupt keine Ahnung von Rechtschreibung. Mit seiner hässlichen Schrift kritzelt er *Doitchontarescht* an die Tafel. Alle Schüler lachen ihn aus.

Nachdem alle Fehler korrigiert sind und Jay eine wilde Pause mit seinen beiden Freunden verbracht hat, steht jetzt Mathematik auf dem Stundenplan. Jay hat aber keine Lust zum Rechnen. Viel lieber trommelt er auf seine Bank und singt laut dazu.

„Jay!", ruft der Mathelehrer laut.

Sofort hört Jay auch auf. „So, heute wollen wir die Addition ohne Zehnerübergang bis 100 trainieren", beginnt der Lehrer die Mathestunde. „Wer von euch weiß, was 26+4 ergibt?"

Alle Schüler grübeln. Nach zwei Minuten ist Jay der Letzte, der eine Antwort weiß. „Zehnundzwanzig!", ruft er laut in die Klasse. Und das, ohne sich zu melden. Wieder lachen alle Schüler. Da fängt Jay plötzlich an zu weinen.

Wieso ist er nicht so gut wie die anderen? Warum macht er immer alles falsch und weshalb ist es ausgerechnet Jay, der beim Test eine 6 geschrieben hatte? Ob der freche Schüler vielleicht doch besser hätte aufpassen sollen? Nein, auf keinen Fall! So etwas wäre gar nicht nach seinem Geschmack!

Einen Tag später schreibt die Klasse einen Test. Jay überlegt und überlegt. Schließlich gibt er seinen Test als Letzter ab. Er ist sich sicher, eine 1 geschafft zu haben.

Eine Woche ist vergangen. Heute bekommen die Kinder ihre Tests wieder. Jay weint, als er seinen Test sieht: Er hat eine 6 geschrieben! Schon wieder!

„Ich glaube, ich muss doch besser aufpassen", denkt er traurig.

Nach der großen Pause steht nun Musik auf den Stundenplan und nun möchte Jay schon versuchen, besser aufzupassen. Heute wollen die Kinder ein neues Lied lernen.

Herr Singsang, der Musiklehrer, ist ganz erstaunt von Jay, da er beim dritten Versuch schon fast alles auswendig mitsingen kann. „Wow, Jay!", ruft er überrascht.

Auch in den anderen Fächern gibt Jay nun Gas und hört aufmerksam zu.

Doch die Zeit vergeht schnell und nun naht bereits der nächste Test. Ach, wie aufregend das alles ist! Aber Jay gibt sich Mühe, durchdenkt alles ganz genau und freut sich riesig über das Ergebnis. Denn Jay hat seine erste 2 bekommen! Er ist ganz aufgeregt und schreit durch die Klasse: „Juhu, eine 2! Guckt mal! Guckt mal, eine 2! Juhu!"

„Leise!", mahnt die Lehrerin. Dabei schmunzelt sie ein bisschen.

Zu Hause wird Jay für seine 2 gefeiert. Seitdem hat Jay nicht nur im Sportunterricht Spaß, sondern passt auch in allen anderen Fächern gut auf.

Amy, 9 Jahre

Ein nächtlicher Besuch

Constantin, Arthur und Tim fuhren mit dem Bus auf Klassenfahrt nach Berlin. Abends kamen sie auf dem Campingplatz ganz erschöpft von der Busfahrt an. Sie aßen zum Abendbrot Nudeln mit Tomatensoße und Käse.

Die Aufteilung der Zelte erfolgte nach dem Abendessen. Constantin, Arthur und Tim waren sich schnell einig, dass sie in einem Zelt schlafen wollten. Nachdem sie ihr Zelt aufgebaut hatten, richteten sie das Zelt gemütlich ein. Die mitgebrachten Essensvorräte stellten sie vor das Zelt. Sie hörten noch Musik. Constantin schlief dabei ein.

An der Zeltwand sah Tim auf einmal einen eigenartigen Schatten. Ein Wesen ging am Zelt entlang, das ziemlich klein war. Er tippte Arthur mit dem Zeigefinger auf die Schulter und flüsterte ihm ins Ohr: „Siehst du den Schatten dort."

Arthur sah auf die Zeltwand und fragte: „Welchen Schatten?"

„Aber da war doch gerade ein Schatten", entgegnete ihm Tim. Dann schliefen beide ein.

Mitten in der Nacht wachte Constantin durch ein seltsames Geräusch auf und weckte die beiden anderen und sagten zu ihnen: „Hört ihr dieses Geräusch auch."

Die beiden anderen nickten. Leider wussten alle drei nicht, von welchem Tier dieses fürchterliche Geräusch kam. Nachsehen wollte aber auch keiner der drei. So verbrachten die drei Jungs ängstlich die Nacht in ihrem Zelt. Am Morgen wachten sie übermüdet auf und sahen, dass ein Tier alle ihre Vorräte aufgefressen und über den Zeltplatz verteilt hatte. Der Lehrer, der mit ihnen auf Klassenfahrt war, meinte, dass dies ein Waschbär gewesen sei. Constantin, Artur und Tim fuhren in die Schule.

Florian, 9 Jahre

Ein Traum ohne Regeln

Es war wieder einmal ein stinklangweiliger Herbsttag. Es war Sonntagfrüh. Rana schwang sich im Bett hin und her. Sie wollte nicht aufstehen. Sie überlegte, was sie machen könnte. „Aha!", sagte Rana vor sich hin. „Ich kann ja einen Plan aushecken, einen gemeinen, aber auch großartigen!"

Mom rief: „Rana! Frühstück ist fertig!"

„Ich habe keinen Hunger!", rief Rana mit einer verrosteten Stimme.

„Oh man, es gibt Pfannkuchen!"

Als Rana das hörte, sprang sie aus dem Bett heraus und *schwups* saß sie auf den Stuhl beim Essenstisch. Sie aß wie wild!

„Wieso hast du es eigentlich so eilig?"

Rana antwortete: „Ehm, ich freue mich auf die Schule."

„Du freust dich doch eigentlich nie auf die Schule. Und außerdem ist heute Sonntag!", sagte Mom mit einer verdutzten Stimme.

„Eh, das stimmt, aber egal!" So schnell wie möglich rannte sie in ihr Zimmer und knallte die Tür hinter sich zu. Sie holte tief Luft und setzte sich an ihren Schreibtisch. Rana zählte leise auf: „Stifte habe ich, Radiergummi habe ich, Lineal, wo ist mein Lineal?"

Als sie alle nötigen Sachen gefunden und aufgezählt hatte, rief sie: „Mom, ich gehe raus an die frische Luft."

Mom stimmte zu.

Da war ein ruhiges Plätzchen. Da war eine unbesetzte Gartenbank. Sie setzte sich hin und fing an, den Plan auszuhecken. Sie sagte zu sich: „Ich gehe in die Schule und ignoriere den Lehrer."

Am nächsten Tag fing der Spaß an. Sie hat genau das getan, was sie ausgeheckt hatte: Sie ignorierte den Lehrer, quatschte ständig in den Unterricht und spielte sogar Streiche.

Der Lehrer sagte: „Rana, was ist heute mit dir los?"

„Geht dich doch nichts an!", schrie Rana den Lehrer an.

„Okay, willst du das mal selbst erleben?"
Aber Rana war schon weg, als er das sagte. Der Plan lief glatt wie auf dem Eis. Sie applaudierte sich selbst: „Das war so spitzenmäßig!" Zu Hause fragte Mom: „Warum bist du denn so fröhlich?" Rana antwortete: „Ach, ich bin gar nicht fröhlich!" „Der Lehrer hat mir heute geschrieben, dass du dich nicht benommen hast!", sagte Mom.

Rana verschwand das Lächeln im Gesicht. „Stimmt nicht, was redest du denn da?" „So hat er es mir aber geschrieben! Warum?", fragte Mom.

Rana antwortete: „Ich habe nichts getan! Lass mich in Ruhe!" Sie verschloss sich im Zimmer und schlief dort ein. Sie war richtig müde.

Am Dienstag in der Schule warteten ganz, ganz viele Streiche auf sie. Zum Beispiel im Morgenkreis: Rana erzählte von ihrem Wochenende und die ganze Klasse redet einfach durcheinander. Rana schrie: „Hört sofort auf, ich will hier was erzählen!" Rana war vor Wut schon rot. „Hört mir jetzt zu!", schrie Rana schon zum wiederholten Mal so laut wie möglich durch die ganze Schule. „Maja? Bist du auf meiner Seite?", fragte sie.

„Leider nicht, sonst kriege ich dann mächtig Ärger, tut mir leid!", antwortete Maja. Alle schwiegen.

Dann rannte Rana einfach so aus dem Klassenzimmer. Sie rannte hin und her, bis sie stehen blieb. Sie glaubte, sie hätte etwas bemerkt. „Das ist ja wirklich grausam, wenn man das macht." Eins stellte sie für sich fest: „Auch die doofen Regeln sind nicht umsonst da. Rana stürmte zurück in die Klasse und rief: „Es tut mir schrecklich leid, jetzt weiß ich, wie es sich anfühlt, ignoriert zu werden. Danke!"

Die Kinder sahen sich verblüfft an. „Uns tut es auch leid. Wir haben auch einen Plan ausgeheckt, damit du weißt, wie es ist."

Rana antwortete: „Na ja, bei mir war es gestern auch so!"

Alle Kinder fingen an zu lachen, sogar der Lehrer.

Rana fand wieder neue Freundinnen und neue Freude an der Schule und eins wusste sie: REGELN SIND REGELN AUCH, WENN SIE DOOF SIND!

Karin, 9 Jahre

Eine Klasse hält zusammen

Hallo! Ich bin Mara.

Es war ein schöner Sommertag. Ich stand wie jeden Tag auf, frühstückte und zog mich an. Und dann ging es auch schon in die Schule. „Ich sehe meine Freundin Lili schon", rief ich im Auto. Als ich dann bei Lili war, quatschten wir bis zum Unterricht, aber in diesem Gespräch kam auch vor, dass wir heute Unterricht bei Frau Trosch hatten. Wir flüsterten im Chor: „Oh nein."

Frau Trosch ist übrigens unsere nicht liebste Lehrerin. Als wir dann im Klassenzimmer waren, hatte Frau Trosch schon den Unterrichtsplan angeschrieben. Das war aber kein normaler Plan, nein, nein, das war der anstrengendste Plan der Welt.

Nach dem Unterricht wollte die ganze Klasse nichts mehr als Pause. Frau Trosch schimpfte nur und gab jedem extra schwere Aufgaben und verteilte die Note 5 an alle Schüler.

Aber ein Schüler aus der Klasse, er hieß Paul, hatte eine brillante Idee. In der Mittagspause rief er alle Schüler zusammen. Paul war ein schlauer Paul! Nachdem sich alle zusammengefunden hatten, machten sich alle Schüler einen Plan mit vielen tollen Ideen. Sie machten sich aus, wann und wo diese Ideen stattfinden sollten. Dann erzählten alle von ihren Ideen. Diese Ideen waren nicht nur irgendwelche, sie waren Streiche für Frau Trosch. Die ganzen Streiche fanden in einer Woche statt. Oh, wie sich alle Schüler freuten. Eine Woche lang konnten sie es noch mit Frau Trosch aushalten, so lange sie nichts von den Streichen wusste. Die ganze Klasse hatte sich ein geheimes Handzeichen ausgemacht. Tommi aus der Klasse 5c hatte die Idee, alle Stifte und Materialien zu klauen, selbst den Stuhl wollten sie dabei klauen. Sie machten sich aus, dass das nächste Woche die Nummer eins würde. Von Tag zu Tag wurden sie aufgeregter. Am Wochenende schrieben sich alle im Klassenchat. Sie planten und planten bis zum Gehtnichtmehr.

Endlich war Montag. Jetzt mussten sie den ersten Streich von Tommi vorbereiten. Lilli sagte: „Alles runter vom Lehrertisch." Alle Kinder der 5c waren extra früher gekommen, um alles vorzubereiten. Nun endlich war es so weit. Frau Trosch kam herein. Als sie sich setzen wollte, lachten alle Kinder, weil sie auf den Boden gefallen war. Und noch schockierter war sie, als sie sah, dass alles vom Lehrertisch weg war. Frau Trosch war sehr genervt deswegen. Sie fragte die ganze Klasse, wer das gewesen sei.

Alle sagten: „Also wir waren es nicht, Frau Trosch." Und alle zuckten mit den Schultern. Das glaubte unsere nicht liebste Lehrerin. Die ganze Klasse war froh, dass der erste Streich geklappt hat. Der nächste Streich folgte am nächsten Tag.

Frau Trosch dachte sich jedoch, dass ihre Klasse den Streich gespielt hatte, deshalb dachte sie sich auch einen Streich aus. Weil ja bald Klassenfahrt war, wollte sie in jedem Zimmer Honig ausschütten, damit alle Kinder hineintraten.

Die Klassenfahrt kam schneller als gedacht. Der nächste Streich der Kinder war folgender: Sie wollten in das Zimmer der Lehrerin gehen und ihre Matratze voll mit klebrigem Saft machen. Wenn Frau Trosch dann schlafen wollte, musste sie erst mal ihr Bett neu beziehen. Luis fragte, ob er noch mal zur Toilette dürfte, obwohl er gar nicht musste. Stattdessen schüttete er ganz viel Saft auf das Bett von Frau Trosch. Man hörte Frau Trosch durch das ganze Haus schreien, als sie schlafen gehen wollte. Aber am nächsten Tag fielen die Kinder auf Frau Troschs Streich hinein. Die Kinder klebten alle am Fußboden fest und mussten nach Hilfe rufen. Die Kinder, die noch in ihren Zimmern gewesen waren, kamen angerannt und befreiten die anderen. Nun musste sauber gemacht werden, weil alles klebte durch den Honig. Die Kinder halfen alle mit und so war schnell der ganze Fußboden sauber. Dann wollten sich erst mal alle von dieser anstrengenden Reinigung erholen und legten sich ins Bett.

Was wohl Frau Trosch in der Zeit gemacht hat?

Sie hatte den Koch angerufen und gesagt: „Herr Koch, bitte kochen Sie den Kindern ganz ekliges Essen."

Aber der Koch war ein netter Koch und kochte für die Kinder ein superleckeres Essen. Frau Trosch freute sich schon darauf, zu sehen, wie die Kinder die Gesichter verzogen. Aber dann sah sie, dass es allen schmeckte, und war sehr genervt und wütend.

Am nächsten Morgen war die Heimreise. Als sie wieder in der Schule waren, kam die Schulleiterin herein. Frau Trosch schaute ganz ängstlich und sagte: „ Ich habe nichts getan!"
Die Schulleiterin fragte die Kinder, ob das wahr sei. Alle Kinder riefen: „Nein! Sie hat uns böse Streiche gespielt."
Die Schulleiterin sagte: „So, so!"
Es war einen Moment lang ganz still, dann sagte sie: „Frau Trosch muss unsere schöne Schule leider sofort verlassen!"
„Juhu, endlich geht sie!", riefen alle Kinder gleichzeitig.
Es wurde ein großes Fest gefeiert mit allen Schülern und allen supernetten Lehrern. Das war toll.

Unsere Schule ist doch die fantastischste Schule der Welt und wir freuen uns jeden Tag, dort hinzugehen, und würden gern jeden Tag feiern ... Und wenn sie jetzt noch feiern, dann leben sie noch heute!

Victoria, 9 Jahre

Eine Klasse voller Streiche

Es gab da mal eine Klasse, die spielte jeden Tag die gleichen Streiche, genauer gesagt, es war eine erste Klasse. Die Kinder lachten alle aus, wenn jemand in ihre Fallen ging.

Doch eines Tages geschah etwas Unerwartetes. Wie immer hatten die Schüler einen nassen Schwamm auf den Stuhl des Lehrers gelegt. Und auch wie immer kam der Lehrer rein und setzte sich darauf. Alle Schüler lachten, doch plötzlich wurde er ganz zornig. Er sagte: „Wenn ihr nicht damit aufhört, fliegt ihr von der Schule!" Danach stapfte er hinunter ins Lehrerzimmer.

Unten angekommen, besprach er den Plan mit der Direktorin. Die Schüler hingegen freuten sich, weil sie dachten, jetzt hätten sie schulfrei.

Doch da trat die Direktorin ins Klassenzimmer und sagte: „Ihr geht jetzt nach Hause, aber morgen kommt ihr wieder!"

Am nächsten Morgen kamen die Schüler ins Klassenzimmer. Doch als sie sich setzten, hatten alle nassen Hosen. Jemand hatte Schwämme auf die Stühle verteilt. Doch das war nicht das Einzige, was komisch war. Statt ihres Lehrers kam jetzt täglich eine riesengroße Kreide herein. Sie war so groß wie ihr Lehrer. Jeden Tag riefen die Schüler: „Wir wollen dich nicht haben."

Doch nach drei Tagen stolperte die Kreide und vor ihnen stand ihr Lehrer. Die Schüler begrüßten den Lehrer freundlich, denn eine Kreide wollten sie nicht als Lehrer haben. Die Kinder hatten dem Lehrer schon längst verziehen.

„Und von der Schule fliegt ihr natürlich nicht", ergänzte der Lehrer zuletzt.

Helena Abe

Wo ist Johann?

Als Erstes werde ich mich vorstellen. Ich bin Lizzy und bin zwölf Jahre alt. Ich lebe in Berlin. Ich habe einmal in Dresden gewohnt. Meine Lieblingsfarbe ist Dunkelblau. Am liebsten esse ich Cheeseburger, aber der MUSS aus Berlin sein!

Heute Morgen in der Küche:

„Mama, Papa", rief ich, als ich die Treppe heruntergelaufen war.

„Ich habe alles!"

„Wofür?", fragten meine Eltern.

„Ich habe mich mit ein paar Schulfreunden verabredet."

„Okay, dann mal viel Spaß!"

„Danke", rief ich noch hinterher.

Ich stieg auf mein Fahrrad und schon ging es los zum Eisessen.

„Hallo Maya, hi Ben, guten Morgen Mira und guten Morgen, Lukas." Wir mussten noch ewig warten, weil Johann noch fehlte.

Dann entschieden wir uns aber, schon mal vorzugehen und ein Eis zu kaufen. Wir dachten, Johann würde nachkommen. Fehlanzeige, er kam nicht!

Zum Glück hatten wir uns in den Ferien noch mal verabredet, um noch für ein Projekt für die Schule zu arbeiten. Dieses Projekt machte nämlich 60 Prozent der Zeugnisnote in Sachkunde aus.

Johann kam wieder nicht! Am Abend versuchte ich ihn 1000-mal anzurufen. Ratet mal … er ging nicht ran. Ich schrieb ihm, aber er antwortete nicht!

Heute trafen wir uns, um das Projekt fertigzustellen. Alle fragten sich wieder, wo Johann ist.

Ich sagte: „Meine Mama ist Elternsprecherin! Mama hat bestimmt von jedem Elternteil die Handynummer! Ich fahre gleich nach Hause."

Zu Hause angekommen, fragte ich sie sofort. Sie rief gleich bei Johanns Eltern an. Dann kam heraus, dass Johanns Eltern noch kurzfristig eine Kreuzfahrt gebucht hatten. Johann durfte sein Handy nicht benutzen, weil seine Eltern Angst hatten, dass es ihm herunterfällt oder so!

Ich freue mich schon wieder auf die Schule.

Filippa, 9 Jahre

Buchstaben rundherum

Am Anfang des zweiten Schuljahres wollte das acht Jahre alte Mädchen Luzia zur Feier des Tages ein Buch lesen. Als sie sich auf den Weg machte, sah sie plötzlich einen großen Buchstaben auf sich zukommen. Luzia wunderte sich sehr, das war echt komisch. Als sie in der Bibliothek ankam, sprangen alle Buchstaben und Zahlen aus den Büchern. Die Bücher waren alle plötzlich aus Matsch! Und ihre Freundin Susi war von den Zahlen in ein Einhorn verwandelt worden.

„Hilfe, ah!", rief Luzia wild. Sie rannte auf den Pausenhof. Da sah sie ein großes E. „Hey, du Monster!", schrie sie laut. Das E wollte auch sie zu Matsch machen, aber Luzia war schlau. Sie rannte schnell wie der Blitz aufs Klettergerüst und hangelte sich weg auf zwei Bäume.

„Zwei, Zwei, hallo", rief da eine Zwei. Luzia war geschockt. Sie sah, dass Susi wieder normal war. Da, oh Schreck, sie wurde zerquetscht. Luzia war nicht so gut in Mathe und Sachunterricht.

Also fragte eine 91 laut: „ 91 – 11=?" Sie hatte Angst, aber sagte mutig: „80." „Falsch, du Schulzahl", rief die 91 frech.

Luzia hatte einen Plan. Sie nahm sich ihre Freundin Susi, ging in die Schule und holte das Buch. Aber es funktionierte nicht, weil der mürrische Hausmeister Herr Manfred sie aufgehalten hatte. Luzia hatte ein gutes Herz und wusste, was er wollte. Er wollte, dass Luzia nicht in das Gebäude ging. Sie bemerkt, dass sie nicht in das Gebäude kam, und haute deshalb dem Hausmeister eins auf die Nase und holte so das Buch. Mit Susi sprang sie aus dem Fenster in ein ... na ja, wie soll ich das sagen ... auf etwas sehr Spitzes. Sie hatte sich nicht wehgetan, aber es hatte doll gestochen.

Luzia half Susi nach unten. Sie holte sich schnell aus dem Schuppen eine Leiter und kletterte zu Susi. Sie sagte mit lauter Stimme: „Liebe Zahlen und Buchstaben weit und breit, es ist Zeit zu gehen." Luzia und Susi fielen um, weil sie sehr müde waren.

Am nächsten Tag wachten Luzia, Susi und Christina auf. Christina war auch eine Freundin. Alles war jetzt wieder normal. Die verrückten Zahlen und Buchstaben waren im Buch und es war 12:10 Uhr und es war immer noch alles normal.

Luzia bemerkte nicht, dass alles nicht mehr komisch war, und zu dieser Zeit waren alle glücklich. Nur: Wer war das? Luzia dachte es sich: Molli, der Hexenmeister. Aber das war ja nur eine Geschichte, die Luzia geträumt hatte.

Luise, 9 Jahre

Der unangekündigte Test

In der Klasse 4a schlug die Glocke zur Pause. Alle Kinder rannten raus, außer Lukas, Pauli und Gustaf. Sie schauten immer vorm Rausgehen in der Pause in die Tasche vom Lehrer, ob er einen unangekündigten Test dabeihatte. Die Tasche hatte geheime Fächer und sie fanden einen. Sie nahmen den Test und änderten alle Aufgaben auf 1+1, dann versteckten sie den Test wieder in die Tasche und rannten raus zu den anderen.

Dann war die Mathestunde dran. Der Lehrer teilte den Test aus. Alle hatten Angst, weil der Lehrer ein fieses Grinsen im Gesicht hatte. Aber dann lachten ihn alle aus, als er den Test ausgab und sie die Aufgaben sahen. Den Kindern verging jedoch schnell das Lachen, denn der Lehrer holte einen neuen Test heraus. Pauli überlegte und hatte eine Idee. Er tauschte den Test erneut. Als der Lehrer kurz nicht aufpasste, griff Pauli sich schnell den neuen Test und legte den alten Test hin.

Der Lehrer wollte den zweiten Test austeilen und merkte, dass es der falsche Test war. Er sagte: „Es reicht! Ihr wollt keine Tests, dann kriegt ihr keine Tests." Aber das war natürlich nur eine Falle.

Deswegen guckten Pauli, Lukas und Gustaf nicht mehr in die Tasche des Lehrers. Jedoch zwei Tage später gab es einen Test. Alle guckten geschockt auf den Test, diesmal stand dort nämlich nicht mehr 1+1, sondern:

1+8+1000+900+1+8+10+9+1000000=
1000+1000000+100=
8+1000+1000000=

Die Kinder schwitzten, aber dann passiert es. Es knallte und funkte – und dann fiel der Strom aus. Alle erschreckten sich und die Haare standen ihnen zu Berge.

Der Lehrer griff zum Dosentelefon, aber am anderen Ende hörte man nur eine komische Stimme. „Iguibiiubiiubgiiuigugbuiutreweasewervieesdgbrehefazevazgzabzzebeazbezabeaaebaae." Scheinbar war ein Knoten in der Dosentelefonleitung. Es blieb somit dunkel und der Test konnte nicht geschrieben werden.

Pauli, Lukas und Gustaf und die anderen Kinder waren erleichtert. Aber als der Lehrer sagte: „Morgen schreibt ihr euren Test weiter", erschreckten sich alle Kinder erneut.

Aber Pauli hatte wie immer eine schnelle Idee. Mit seiner kleinen Spionagekamera machte er heimlich ein Bild von dem Test. Zum Glück hatte der Lehrer das nicht gesehen.

Nachdem sich die ganze Klasse durch das stockdunkle Schulgebäude nach draußen gekämpft hatte und der Lehrer alle nach Hause verabschiedete, erzählte Pauli seiner Klasse, was er gemacht hatte, und alle verabredeten sich eine Stunde später bei ihm zu Hause, um für den Rest des Testes zu lernen.

Am nächsten Tag gingen die Kinder sehr fröhlich in die Schule und warteten bereits auf den Mathelehrer, um den Test weiterzuschreiben. Doch dann mussten sie feststellen, dass sich der Lehrer abermals einen neuen Test ausgedacht hatte. Und kein Trick oder Stromausfall verhinderte, dass alle diesen neuen Test schreiben mussten.

Traurig und verärgert gingen alle Kinder am Nachmittag nach Hause und hatten Sorgen, den Test am nächsten Tag zurückzubekommen.

Wie vom Lehrer angekündigt, bekamen alle Kinder ihren Test am nächsten Tag wieder. Als Pauli Lukas und Gustaf auf ihre Note gucken, waren sie nicht zufrieden, weil alle eine 4- hatten und dann sagten sie sich: „Wir sollten weniger versuchen zu schummeln, sondern mehr lernen."

Arne, 8 Jahre

Die besten Freunde

In der 81. Grundschule war ein schöner Sommertag. Felix freute sich auf die Schule, genauso wie sein Freund Max, denn es war Mittwoch und da machten sie immer einen Schulstreich.

Dieses Mal planten sie, dem Lehrer einen Lappen auf den Stuhl zu legen. Sie trafen sich vor der Schule, sagten: „Guten Morgen", und gingen in die Schule rein. Als Herr Praliwillzokofski reinkam, sagte er, dass sie Mathe hätten. Felix und Max mochten keine Mathe, aber dann konnten sie sich ja beruhigen, denn in diesen Moment setzte der Lehrer sich auf den Stuhl und sein Hintern war pitschenass. Eine Sekunde später rannte Herr Praliwillzokofski wie ein Verrückter auf die Personaltoilette.

Die Schüler freuten sich, dass sie alle keinen Unterricht hatten. Doch nach fünf Minuten freuten sich zwei Kinder nicht mehr. Felix und Max wurden zu der Direktorin geschickt und sie sagte, dass es besser wäre, wenn sie nicht mit zur Klassenfahrt kommen würden. „Ihr ruiniert sonst noch alles", sagte sie. Denn es war schon das 300. Mal, dass sie etwas ruiniert hatten.

Am nächsten Tag fuhren alle weg, außer Alex und Felix. Also dachten sie, dass sie alles machen könnten. Aber sie hatten nicht bemerkt, dass die Schuldirektorin und der Hausmeister da waren. Dann erwischtet der Hausmeister Felix dabei, wie er Fußball im Gang spielte, denn Max hatte keine Lust mehr und war zur Eisdiele gegangen. Felix musste währenddessen das Klassenzimmer der 3a, also ihr Zimmer, putzen. Dann musste er nicht mehr arbeiten.

Es war 18:00 Uhr, als sie in ihr Geheimversteck zu Hause kamen. Dort schliefen sie bis zum nächsten Tag. Sie dachten, sie hätten noch zwei Tage Zeit, bis die ersten Klassen zurückkommen würden, doch sie irrten sich. Denn am nächsten Tag kamen schon die ersten Klassen. Sie schoben ganz viele Möbel an die Tür, denn sie wollten, dass sie nicht reinkommen, und sie schafften es, sie für eine Stunde wegzulocken. Doch in dieser Stunde wurde ihnen klar, dass es nicht so gut war, ständig Streiche zu spielen. Sie ließen die Klassen rein und entschuldigten sich. Die anderen nahmen die Entschuldigung an. Felix und Max versprachen, dass sie nie wieder Streiche in der Schule machen würden.

Nach kurzer Zeit war die Schule so ruhig wie nie zuvor. Sie hatten auch bemerkt, dass sie noch nie zuvor so ruhig gewesen waren. Das gefiel ihnen. Nach einem Jahr waren sie sogar die beste Schule der Welt.

Jaro, 8 Jahre

Die Entführerfahrt

Die Freunde Paul, Julius, Peter und Karla fuhren mit ihrer Klasse auf Klassenfahrt nach Schloss Augustusburg. Als sie angekommen waren, gingen sie in ihre Zimmer. Das Gute war, sie waren auf dem gleichen Zimmer. Eine Stunde später gab es Abendbrot. Als schon alle schliefen, hörte Paul einen Hilferuf. Schnell weckte er die anderen. Als alle wach waren, erzählte er, was er gehört hatte. Ohne lange zu zögern, liefen sie vorsichtig mit Taschenlampen in der Hand los. Als sie draußen waren, sagte Karla, dass sie einen Hilferuf aus dem Schloss gehört habe. Also rannten sie zum Schloss hin. Als sie im Schlosshof standen, sahen sie ein Licht im Schloss. Also liefen sie zum Eingang. Sie rannten in Richtung des Treppenhauses.

Während die anderen noch die Treppen hochliefen, war Paul schon oben. Als Paul oben ankam, sah er zwei Gestalten. Kurz darauf kamen auch die anderen. Doch als sie alle oben waren, waren die zwei Gestalten weg. Plötzlich rief Paul: „Ich habe etwas gefunden."

Peter fragte: „Was ist denn da?"

Was Paul gefunden hatte, war eine eingeschlagene Vitrine. Als sie weiterliefen, fanden sie eine alte Holztüre. Paul machte die Türe auf. Als sie drinnen waren, sahen sie Filip, ihren Freund. Er saß gefesselt auf einem Stuhl. Karla befreite ihn.

Danach erzählte er, was passiert ist. Er berichtete, dass ihn zwei Männer entführt hatten. Als sie wieder draußen waren, sahen sie zwei Gestalten. Sie rannten den beiden hinterher und fingen sie.

Peter holte Frau Schreib, die Lehrerin. Als die beiden wieder da waren, rief Frau Schreib sofort die Polizei. Die Polizei war schnell da und nahm die Gangster fest. Danach gingen sie alle wieder ins Bett. Am nächsten Tag fuhren sie wieder nach Dresden. Dort warteten schon ihre Eltern auf sie.

Bruno, 9 Jahre

Die Entführung

Es war ein sonniger Morgen. Johannes saß mit seiner Klasse im Schulbus, denn sie fuhren auf Klassenfahrt. Nach einer Stunde kamen sie an. Sie stellten ihre Zelte auf und gingen Fußball spielen. Johannes Mannschaft gewann. Dann hüpften sie fröhlich zum Abendbrot. Als sie aufgegessen hatten, gingen sie Zähne putzen und schlafen.

In der Nacht wachte Johannes auf. Er musste auf die Toilette. Als er dann zurückkam, wurde er PLÖTZLICH gepackt und in ein Auto gezogen. Vor Schreck wurde er ohnmächtig.

Als er am nächsten Morgen aufwachte, lag er an einer Kette. Zwei Männer trugen ihm auf, den Boden zu kehren. Er guckte sich um. Er war in einer Höhle gefangen. Von zwei Männern, die er nicht mal kannte. Er versuchte, jemanden in der Höhle mit seinem Handy zu erreichen, aber vergeblich, es war keinen Empfang.

Da erkundete er die Höhle. Er überlegte, wie er rauskommen konnte. Da sah er denn Ausgang, er ging zu ihm. Die Kette reichte gerade noch. Er rief laut um Hilfe. Einer im Camp hörte es und sagte es der Lehrerin. Sie gingen ihn suchen.

Nach ungefähr einer Stunde rief ein Kind: „Ich habe eine Höhle gefunden!"

Sie gingen rein. Maya blieb draußen, falls jemand kommen würde. Die anderen gingen rein. Da saß Johannes zusammengekauert in einer Ecke. Als er sie sah, sprang er auf.

Die anderen riefen: „Komm mit!"

Er sagte: „Geht nicht, ich bin an einer Kette!"

Sie versuchten, sie mit einer Büroklammer aufzumachen. Es funktionierte.

Da rief Maya: „Es kommt jemand!" Schnell rief sie die Polizei an. Sie kam gerade rechtzeitig. Die Männer wurden verhaftet und auf Station gebracht.

Dann am nächsten Morgen wurde von der Polizei berichtet, dass die beiden Männer Jan und Frank hießen und Kinderfänger waren, die die Polizei schon lange suchte.

Alfred, 9 Jahre

Ende

Die Klasse 4a
auf Klassenfahrt

Der Lehrer Herr Fisch plante eine Überraschung für die Klasse 4a. Herr Fisch hatte etwas vor, aber er wusste selbst noch nicht, dass die Überraschung eine Klassenfahrt sein würde. Maya, Anna, Luis und Max waren beste Freunde. Sie verbrachten die meiste Zeit zusammen. Herr Fisch hatte einen schönen Ort ausgesucht, aber zuerst musste der Lehrer noch die Kinder informieren. Als der Unterricht anfing, ging es auch schon los. Herr Fisch erzählte es den Schülern. Sie waren so aufgeregt. Maya ging zu Anna, Luis und Max. Sie standen als Gruppe in der Ecke und redeten über die Klassenfahrt. Max fand es doof, dass die Klasse 4c schon zweimal auf Klassenfahrt war. Herr Fisch erklärte, dass es in zwei Wochen losgehen würde. Er erzählte, dass man noch für die Klassenfahrt einkaufen müsse. Anna hatte keine Lust, genau wie Maya, Luis und Max. Am Samstag trafen sich die Freunde zum Einkaufen. Sie kauften alles, was sie brauchten.

Am Montag war es dann schon nicht mehr lange bis zur Klassenfahrt. Herr Fisch verteilte die Zimmer. Maya und Anna waren traurig, denn sie wollte mit Luis und Max in ein Zimmer, aber das war verboten. Mädchen und Jungs mussten getrennt schlafen. Maya und Anna waren aber die schlausten Kinder der 4a, deshalb bat Luis sie um Hilfe. Natürlich wollten die Mädchen helfen. Sie mussten einen Plan schmieden. In der Pause überlegten sie zusammen. Nach der Pause ging es auch schon nach Hause. Der Schultag war kürzer. Sie überlegten die ganze Zeit, dann hatten sie endlich einen Plan: In der Nacht sollten Luis und Max zum Mädchenzimmer gehen. Die Jungs würden nur zu zweit in einem Zimmer sein. Sie hatten das schönste und größte Zimmer bekommen.

Es ging los. Alle waren so schön angezogen. Maya und Anna hatten beide Kleider an. Sie fuhren mit dem Bus. Maya schlief im Bus ein. Max hatte heimlich sein Handy mitgebracht, obwohl es streng verboten war, aber es musste ja kein Lehrer wissen. Max machte die ganze Zeit Bilder von Maya. Sie lachten die ganze Fahrt über. Als sie angekommen waren, fand Max es schrecklich. Er fiel zweimal hin. Maya lachte Max aus, aber am Ende entschuldigte sie sich wieder. Herr Fisch brachte ein leckeres Frühstück mit und sie aßen zusammen. Es war wunderschön. Sie hatten richtig viel Spaß. In der Nacht war es endlich so weit. Um Mitternacht ging es los. Max und Luis waren extra wach geblieben und gingen zum Mädchenzimmer. Das Mädchenzimmer war nicht weit entfernt vom Jungenzimmer, sie mussten nur durch den Flur.

Als sie ankamen, spielten sie zusammen und guckten sich auf Max' Handy Youtube- und TikTok-Videos an. Danach ging es auch wieder ins Zimmer und am nächsten Tag war auch schon der Rückreisetag.

Suryaz Manla Fadli besucht die Stüveschule im Osnabrücker Stadtteil Schinkel, wo sie sich gerne mit den Jungs aus ihrer Klasse streitet. In ihrer Freizeit ist Suryaz gerne sportlich aktiv.

Miranda und Kate

Miranda war neu in der Stadt. Sie kannte hier nichts und niemanden. Nicht die U-Bahn, nicht die Menschen, nicht die Umgebung. Sie kannte einfach gar nichts! Mitten aus einem kleinen Dorf in Bayern nach Hamburg. Und natürlich musste sie auch in eine neue Schule. Schon beim bloßen Gedanken daran bekam sie Angst. Ohne ihre beste Freundin Amelie würde sie das doch niemals hinkriegen! Nur wegen Amelie kam sie überhaupt in der Klasse mit.

„Wahrscheinlich überstehe ich nicht einmal das Schuljahr", dachte sie sich. Schon morgen waren die Sommerferien vorbei.

Am nächsten Tag begleitete Mama Miranda ins Sekretariat. Die Sekretärin Frau Müller begleitete Miranda dann in ihre Klasse. Die Lehrerin Frau Maus stellte Miranda dann der Klasse vor: „Das ist Miranda Schoster, nehmt sie bitte freundlich auf. Sie ist neu in Hamburg und wird von nun an in diese Klasse gehen. Miranda, setz dich doch bitte neben Kate."

Kate hatte lange, schwarze Locken und braune Augen. Sie schob ihre Hefte zur Seite und erklärte Miranda, was sie gerade machten: „In Mathe lernen wir gerade das große Einmaleins und in Deutsch üben wir Nominalisierungen."

Miranda war erleichtert: Diese Themen hatten sie auf ihrer alten Schule bereits durchgenommen. Vielleicht überstand sie ja einen Tag, ohne in sämtlichen Gehirnen als dumm abgestempelt zu werden.

„Miranda", fragte jetzt Frau Maus, „wie viel ist 3 mal 11?"

„Äh … 33", antwortete Miranda. Diese Fragen waren ja noch einfach, aber bald würde es sicher schwieriger werden.

Als es zur Pause klingelte, nahm Miranda ihr Pausenbrot und setzte sich auf den Schulhof. Sie beobachtete Kate, wie sie mit drei anderen Mädchen Gummitwist spielte. Mit Amelie hatte Miranda in den Pausen auch immer Gummitwist gespielt. Bei dem Gedanken an Amelie bekam Miranda sofort Sehnsucht nach ihrer Freundin. Sie nahm sich vor, Amelie gleich nach der Schule anzurufen und ihr vom heutigen Tag zu erzählen.

Den restlichen Schultag fand Miranda noch ganz in Ordnung. In Kunst hatte sie angefangen, ein Bild von sich selbst zu zeichnen, in Englisch konnte sie immerhin die Hälfte der Vokabeln (grandma, grandpa, son, mother, father, brother, sister, aunt, uncle und daughter) und in der zweiten Pause hatte sie mit Kate und ihren Freundinnen Gummitwist gespielt.

Nachdem sie ihre Hausaufgaben gemacht hatte, rief sie Amelie an, die ihr erst von ihrem ganz normalem Tag erzählte, dann erzählte Miranda ihr von ihrem. Am Ende rief Amelies Vater Amelie zum Essen.

Am nächsten Tag fragte Kate Miranda, ob sie sie vielleicht mal besuchen könnte, und Miranda freute sich. Dafür ging Amelie nicht mehr ans Telefon und Miranda schrieb ihr einen Brief, in dem sie wissen wollte, warum sie nicht ans Telefon ginge.

Am nächsten Tag kam Kate nachmittags zu Besuch. Sie sprachen über Frau Maus, über die Jungs aus ihrer Klasse, über Umzüge und auch darüber, dass Amelie noch nicht angerufen oder sich sonst gemeldet hatte. So langsam hatte Miranda das Gefühl, dass Amelie absichtlich nicht ans Telefon gegangen war.

Am nächsten Tag machte Frau Maus eine wichtige Ankündigung: „Unsere Klasse wird die Patenschaft der neuen Erstklässler übernehmen. Ihr lernt sie nach den Osterferien das erste Mal kennen. Und jetzt lese ich die Namen der Schüler sowie die ihrer Patenkinder vor."

Miranda war für Lilli Meißner zuständig, Kate für Isabelle Preuss. Ihr kleiner Bruder Luke, der jetzt auch eingeschult wurde, erzählte von der Aufregung der Vorschulkinder, während der Rest der Klasse nur die Namen seiner Patenkinder durch den Raum schrie.

Miranda verstand: „Ich habe deinen Bruder, Joschi! Oh Mist, Hermann hört sich nicht nach einem Mädchen an." Und: „Könnt ihr bitte mal still sein!" Den Rest der Stunde verbrachten sie damit, kleine Geschenke für ihre Patenkinder zu basteln. Miranda faltete einen Origami-Schwan, weil die Schule ja Schwanenschule hieß. In ihn würde sie später Schokolade legen. Kate bastelte eine Rose aus Filz. Sie kannte Isabelle bereits, sie war die beste Freundin ihres Bruders, und wusste deshalb, dass sie solche Rosen sammelte.

Dann war der große Tag gekommen: Mirandas Klasse stellte sich in der Aula auf. Jeder hatte ein Schild dabei, auf dem der Name des jeweiligen Patenkindes stand. Dann kamen die Kinder in einer Reihe auf die Schule zugelaufen. Nach einer kurzen Ansprache des Schulleiters Herrn Menchen kamen die Paten der Reihe nach vorne, um ihre Patenkinder abzuholen. Lilli, ein Mädchen mit glatten, roten Haaren und grünen Augen schien schon ganz aufgeregt mit ihren Augen die Schule zu erkunden. Miranda hatte von Frau Maus eine Liste mit Standorten, die sie besuchen sollten, bekommen – Klassenraum, Sekretariat, Sporthalle, Computerraum, Bibliothek und AG-Raum. Als sie alle diese Räume erkundet hatten, kehrten sie in die Aula zurück und warteten auf den Rest der Klasse. Dann wurden die Kinder wieder abgeholt.

Einige Zeit später war das Schuljahr zu Ende. Miranda hatte sich mit Amelie ausgesprochen. Amelies Mutter meinte, es wäre besser für ihre Tochter, sich eine Zeit nicht bei Miranda zu melden. Die beiden versprachen sich, sich gegenseitig in den Sommerferien zu besuchen. Die beiden blieben beste Freundinnen, obwohl Miranda jetzt eine neue Freundin hatte – Kate.

Elisabeth Frey: Ich bin 11 Jahre alt und besuche eine Schule in Melle (Landkreis Osnabrück).

Das traurige Dunkel und ich

Ich lag da und hielt es nicht mehr aus. All meine Trauer, die ich Wochen zurückgehalten hatte, floss aus mir heraus. Mein Kissen wurde langsam nass, allerdings konnte ich nicht aufhören zu weinen. Aber am besten fangen wir ganz am Anfang an. Ich bin Lissilie und bin 15 Jahre alt.

Meine Geschichte beginnt an einem normalen Freitagmorgen, ich dachte zumindest, er würde normal werden. Müde ging ich in der Schule in mein Klassenzimmer. Dort erwarteten mich schon die ersten Papierbälle. Zwei davon trafen mich, einer ging daneben. Also alles so wie im…

„Hey, du Vollidiot! Wächst auf deinem Haar schon Schimmel, weil sie so potthässlich sind?", rief eine meiner Mitschülerinnen.

Plötzlich, kurz vor Unterrichtsbeginn, kam ein sehr großer und dünner Junge in den Raum. Als ich ihn ansah, lief mir ein Schauer über den Rücken. Mein neuer Mitschüler, der sich später als Luca herausstellte, hatte schwarze Augen. Nicht, dass ich ein Problem damit hätte, aber … aber sie waren leer! Keine Emotionen und keine Wörter waren in seinen Augen. Da war nur eine dunkle Leere.

Während ich mich davon abhielt, seine Augen zu studieren, sauste etwas auf mich zu. Ich erkannte es erst, als es schon fast mein Auge berührte. Aber etwas hielt das … Ding davon ab. Mein Retter war Luca, er hielt es kurz vor meinen Augen auf und gab es mir. Danach zeigte er auf einen meiner Klassenkameraden und verschwand hinter mir.

Ich war wie gelähmt. Das Ding war ein Stift und es hätte in mein Auge gestochen. Doch Luca hatte mich gerettet. Warte mal, wer hatte den Stift noch mal geworfen? Natürlich Tripp, wer sonst! Gerade wollte ich aufstehen und Tripp ordentlich meine Meinung sagen, da klingelte es und unsere Klassenlehrerin Frau Flamaa kam herein.

Sie teilte uns aufgeregt mit: „Wir werden eine zweitägige Klassenfahrt machen, da es bald Sommerferien gibt und ihr danach in unterschiedliche Klassen aufgeteilt werdet."

Geschockt davon, dass ich zwei Tage lang mit meinen Feinden zusammenleben würde, blieb ich mindestens fünf Minuten lang stocksteif, bis Frau Flamaa uns aufforderte, mitzuschreiben.

Nach der sechsten Stunde drängelte ich mich ängstlich und traurig durch die Flure bis hin zum Ausgang. Danach schlurfte ich nach Hause. Noch fünf Tage und dann würde ich die schlimmsten zwei Tage meines Lebens erleben.

Aber meine kleine zwölfjährige Schwester Volcaria machte meinen Tag besser, als sie mich zur Begrüßung umarmte. Kurz darauf erzählte ich meiner Mama von der Klassenfahrt und sie bezahlte alles. Danach rannte ich in mein Zimmer und dachte: „Okay, also 48 Stunden Aufenthalt, eine Stunde geht für die Hin- und Rückfahrt drauf, dann sind es noch ... 47 Stunden. Das sind 47 Stunden zu viel. Das kann ja was werden!"

Die nächsten drei Tage vergingen normal. Das heißt, ich wurde alle 20 Minuten geärgert und wir bekamen viele Hausaufgaben auf. Doch Dienstagnachmittag kam Volcaria in mein Zimmer gerannt und stürzte sich in meine Arme. Sie fing an zu schluchzen: „Heute in der Schule ha...haben alle mich geärgert und alle meine F...Freunde haben mich alleine gelassen. Und das nur, weil meine Haare ausfallen!"

Ich drückte sie fest an mich. Denn das war das, warum meine Schwester es wirklich schwer hatte. Sie hat Krebs! Einfühlsam sagte ich: „Du bist wunderbar und nichts, wirklich nichts kann das ändern, okay? Wenn deine Klassenkameraden das nicht sehen, dann lass sie. Du bist schön und cool!"

Sie nickte. Nun wusste ich, sie brauchte eine große Schwester an ihrer Seite. Allerdings würde ich bald weg sein. Die letzten Tage war ich für sie da, so gut es ging. Aber dann ging es leider auch schon los. Im Bus setzte ich mich in die unscheinbarste Ecke, die es gab. Doch Luca fand mich und setzte sich neben mich. Freiwillig! Wir beide verbrachten eine lustige Zeit und er erzählte mir viel. Luca war wirklich cool und ich mochte ihn. Seine Augen waren zwar immer noch leer, aber das war sein Markenzeichen. Nach der Busfahrt trennten wir uns wegen der Zimmerverteilung. Ich erfuhr, dass ich mit Mädchen aus der Parallelklasse in ein Zimmer kam, da wir mit der ganzen Stufe fuhren. Ein Mädchen namens Annie schloss ich sofort ins Herz. Annie war so nett, hilfsbereit und süß. Wir redeten viel und ich erzählte ihr von meinem Stress mit den Noten und von den fiesen Mitschülern aus meiner Klasse, die mich die ganze Zeit mobbten. Sie hörte zu und baute mich auf.

Kurz darauf gingen wir mit der ganzen Stufe wandern. Ich blieb in der Nähe von Annie und Luca, die sich beide immer für mich starkmachten und mir beibrachten, wie ich mich selbst gegen mentale Angriffe wehren konnte. So wurden wir schnell ein Trio. Alles war so gut wie schon lange nicht mehr! Bis ... meine Mutter Frau Flamaa anrief und sie mir traurig ihr Handy reichte.

„Ja, Mama. Was ist?", sagte ich.

Weinend antwortete meine Mama: „Sie ist verschwunden! Volcaria ist weg!"

„Nein! NEIN!", schrie ich mit Tränen in den Augen, drückte meiner Lehrerin das Handy in die Hand und lief, so schnell ich konnte, weg und rannte so lange, bis ich an eine Brücke kam. Erschöpft ging ich an den Rand der Brücke und dachte: „Soll ich springen? Ohne Volcaria kann ich einfach nicht leben!"

Also sprang ich ... aber nur fast. Zwei Hände zogen mich wieder hoch und trugen mich von der Brücke. Es war Luca, Annie kam gerade angelaufen.

„Bist du verrückt?! Du kannst doch nicht einfach von der Brücke springen!", riefen sie im Chor.

Weinend hörte ich es mir an und schrie: „Meine Schwester ist verschwunden! Sie hat vermutlich Selbstmord begangen, weil es ihr so schlecht ging!"

Luca und Annie weinten jetzt auch und zum ersten Mal sah ich in Lucas Augen keine Leere. Nein, seine Augen sprachen Bände. Trotzdem war ich fest entschlossen, zu springen. So konnte ich nicht leben. Doch zuerst musste ich seine Augen lesen. Dort war Trauer, viel Trauer und ... Verständnis?! Er verstand, dass ich springen musste, doch kämpfte dagegen an. Schließlich guckte ich in Annies Augen. Da war nur Trauer und Angst, zu viel Angst. Aber trotzdem musste ich springen, denn ohne Volcaria ergab mein Leben keinen Sinn mehr.

Also rannte ich los und stürzte mich in die Tiefe. Meine Haare wehten im Wind und meine Tränen verwehten. Ich wusste, ich tat das Richtige. Keine Faser meines Körpers zweifelte daran. Nun war mein Kopf frei von meinen Gedanken und ich genoss den Wind um mich herum.

Aber der Fall endete abrupt. Wie konnte das sein? Auf einmal spürte ich, dass sich etwas um meine Taille schlang. Erst langsam, dann immer schneller wurde ich wieder nach oben gezogen. Diesmal aber war es nicht Luca, nein. Es war Annie! Wow, sie war so stark! Plötzlich donnerte es in meinen Ohren: „Hast du es nicht verstanden?!"

Nun übernahm meine Wut die Kontrolle und ich schimpfte: „Oh, ich hab euch verstanden, aber habt ihr mich verstanden? Meine Schwester ist höchstwahrscheinlich tot, weil ich nicht für sie da war!"

Sie starrten mich verzweifelt an und schwiegen. Sie schluckten es – endlich. Als wir in Stille verfielen, hörte ich Schritte in der Nähe der Brücke. Auf einmal umarmte mich jemand von hinten. Das Mädchen weinte.

„Volcaria!", rief ich glücklich.

So verharrten wir zehn Minuten. Dann hauchte mir meine Schwester ins Ohr: „Tschüssi, Schwesterchen. Hab dich lieb, aber ich werde gehen."

Jetzt hielt ich sie fest, egal wie sehr sie sich wehrte, sie kam nicht los. Nun fing ich an, so beruhigend wie möglich auf sie einzureden: „Hör zu, wenn deine Noten nicht die besten sind, kein Problem, das bekommen wir hin. Alle von uns wissen, wie es ist, von der Schule gestresst zu werden. Wenn Klassenkameraden dich ärgern, auch das können wir ändern. Und wenn du Freunde brauchst, dann musst du den ersten Schritt machen. Volcaria, wir wissen, ich war kein Vorbild, aber du kannst das mit unserer Hilfe schaffen."

Sie nickte und bald wurde sie abgeholt. Nach der Klassenfahrt wurden meine Schwester und ich in der Schule von Lehrern und mit Nachhilfe unterstützt. Nach wenigen Wochen war meine Schwester gut in der Schule und mit all ihren Mitschülern befreundet. Bei mir ging es bei beidem eher bergab.

So kommen wir an die Stelle, die ich ganz am Anfang erzählte: Doch ich gab nicht auf, sondern lernte und lernte. Und ich schaffte es! Stück für Stück wurden meine Noten immer besser. Zum Ende hin schaffte ich es sogar, dass ich nicht mehr geärgert wurde, indem ich mit meinen Klassenkameraden sprach.

Meistens waren an dem ganzen Mobbing einfach nur eigene Probleme von ihnen selbst schuld daran. Schließlich half ich ihnen. Es war ein tolles Gefühl, denn vieles wendete sich zum Guten.

Ich möchte mit meiner Geschichte sagen, dass man niemals aufgeben und immer an sich glauben sollte.

*Ich bin **Ida Zeller** und gehe in die 6. Klasse des Geschwister Scholl Gymnasiums in Daun. Ich liebe es zu lesen und auch selbst Geschichten zu schreiben. Meine Hobbys sind Klavier spielen, Lesen, Leichtathletik und Schwimmen.*

Schulgeschichten 2.0 aus Rötha

Schülerinnen und Schüler der Klasse 4a der

Grundschule Rötha

Die Superherogirlsschule

Es geht um ein Mädchen, das Susi heißt. Susi geht in das Liliengymnasium im Linantal. Sie wohnte dort mit ihrer Mama und ihrem Papa. Es war Montagmorgen und sie fuhr mit ihrem Fahrrad ins Liliengymnasium. In der zweiten Stunde hatte sie bei ihrer Klassenlehrerin Frau Maku Unterricht. Die Jungs nannten sie immer Frau Make. Frau Maku sagte gleich, nachdem sich alle begrüßt hatten: „Ihr bekommt eine neue Mitschülerin." In der Klasse brach leises Geflüster und Gestöhne aus. „Ruuuuuuuuheeeeeeee!", rief Frau Maku. „Schlagt Seite 333 im Sprachbuch auf."

Susi konnte die ganze Nacht nicht schlafen, da sie immer wieder nur über die neue Schülerin nachdachte. War sie nett? War sie hübsch? War sie schüchtern?

Am nächsten Morgen sah Susi keine neue Mitschülerin. Aber bevor sie fragen konnte, fing der Unterricht an. Frau Maku wollte gerade etwas sagen, da ging die Tür auf und der Schuldirektor Herr Seidenbachereima betrat den Raum. Er sagte: „Begrüßt eure vorübergehende Mitschülerin Sahra Betmora." Ein kleines Mädchen mit blonden, megalangen Haaren kam herein.

Frau Maku sagte schnell: „Hallo, eeeeeh ... du sitzt neben Susi."

Der Tag ging schnell zu Ende. Die Neue saß nur da.

Am nächsten Morgen fuhr Susi wie jeden Morgen mit dem Fahrrad zur Schule. Als sie ihr Fahrrad angeschlossen hatte, kam auf einmal die neue Schülerin Sahra zu ihr und flüsterte: „Komm mal mit, ich muss dir was sagen."

„Was denn?", fragte Susi.

Sahra antwortete nicht und ging los. Susi lief ihr hinterher.

„Wir sind da", flüsterte Sahra.

„Warum sind wir hinter den Mülltonnen hinter dem Schulgebäude?", fragte Susi.

„Damit uns keiner hört oder sieht", antwortete Sahra.

„Also kommen wir zum Punkt. Was willst du mir sagen?", fragte Susi.

„Na ja", flüsterte Sahra. „Ich bin keine neue Schülerin und ich heiße auch nicht Sahra, sondern Bäti Hero. Das leitet sich von Batman ab."

„Warum denn von Batman?", wollte Susi wissen.

„Wei...wei...weil", stotterte Bäti, „mein Papa Batman ist und meine Mama Batgirl."

„Wwwaaaaaasssssssss!", rief Susi sehr laut.

„Nicht so laut", flüsterte Bäti.

„Und warum bist du dann hier?", fragte Susi.

„Weil ich den Auftrag habe, eine Super-Hero-Girls-Gruppe zusammenzustellen. Und du bist die Erste, die ich nehme. Gleich als ich dich zum ersten Mal sah, fühlte ich, dass du ein gutes Herz hast. Aber ich habe auch gesehen, dass du nicht so richtige beziehungsweise beste Freunde hast. Doch ich wäre gerne deine Freundin und Superhelden Teamkameradin!", erklärte Bäti.

„Ja, gerne!", antwortete Susi – allerdings wieder etwas zu laut.

„Pssssssssssssssssst!", machte Bäti. „Testen wir deine Superheldenkräfte. Komm mit, wir gehen ins Labor", sagte Bäti.

„Und was ist mit Schule?", fragte Susi.

„Na ja, du musst dir eine Ausrede ausdenken. Das musst du jetzt öfter machen, wenn du eine Superheldin sein willst. Ach, und noch was, kein Wort zu niemandem, wirklich zu niemandem", sagte Bäti.

Dann ging es los. Bäti gab Susi noch Tarnklamotten und eine Perücke, bevor sie sich auf den Weg machten. Etwas später kamen sie an einer Geheimtür an. Susi staunte nicht schlecht. Überall gab es Superheldenanzüge und Waffen. Bäti zeigte Susi das Labor und das Hauptquartier. Susi musste sich nun in eine Kapsel begeben, um ihre Superkräfte zu finden.

Als Susi wieder herauskam, wollte sie unbedingt wissen, was ihre Superkraft sei. Bäti erklärte ihr, dass sie die Kraft des Wetters habe und damit das Wetter beherrschen könnte.

„Juuuuuuuuuuuuuuhuuuuuuuuuuuuuuu!", rief Susi. „Deswegen ist immer, wenn ich mir die Sonne gewünscht habe, die Sonne herausgekommen."

Bäti erklärte als Nächstes, dass sich Susi nun einen Superheldenanzug zusammenstellen und eine Waffe heraussuchen könne. Als Susi damit fertig war, sah sie aus wie eine richtige Superheldin. Jetzt gingen sie in den Kampfsimulator.

Als das Training vorbei war, lag Susi abends noch sehr lange wach und erschöpft von dem langen und aufregenden Tag im Bett. Am nächsten Tag stand Bäti vor ihrer Haustür und hatte etwas in der Hand, das aussah wie ein Taucheranzug. Sie sagte: „Guck nicht so komisch, wir gehen nicht tauchen und das ist auch kein Taucheranzug, sondern ein Unsichtbarkeitsanzug!"

„Was wollen wir denn damit?", fragte Susi.

„Damit gehen wir in die Schule und spionieren alle aus. Wir suchen ein neues Mitglied!", antwortete Bäti.

Die Sonne stand hoch am Himmel und Susi ging mit Bäti in die Mittagspause. Dann brachten sie gemeinsam die auserwählten Kinder in das Geheimversteck und machten mit ihnen dasselbe wie mit Susi. Wieder war ein Tag um und Susi hatte so viel erlebt, dass sie ganz müde war.

Am nächsten Tag gab es ein großes Teamtreffen. Alle stellten sich gegenseitig ihre Superheldennamen, ihre Anzüge, Ausrüstung und Ausreden vor. Ein paar Minuten später ging die Vorstellung los.

Pünktlich 12:00 Uhr ertönte eine Stimme hinter dem Vorhang: „Hallo, mein liebes Superheldenteam, wir beginnen mit Sahra Hokuspokus, die Tochter von dem berühmtesten Zauberer der Welt Fidibus Hokuspokus. Sie kann zaubern und am besten Zaubertränke für alles Mögliche herstellen. Danach kommt Kora, die Cousine von Superman. Ihre Superkraft ist Superstärke so wie bei Superman. Anschließend zeigt Kleo Schimin, die Tochter von der weltberühmten Wissenschaftlerin Tatja Schimin, was sie kann. Sie produziert chemische Bälle in ihrer Handtasche, die sie dann auf den Boden werfen kann. Gleich danach kommt Amelia Seifenblaso, die kleine Schwester von Domenik Seifenblaso, dem Seifenblasenfabrikbesitzer. Sie kann Seifenblasen schießen, jemanden mit einer Seifenblase auffangen und sich unsichtbar machen. Den Abschluss macht Susi Pletes, ein ganz normales Mädchen, welches keine berühmten Eltern oder Geschwister hat. Sie kann das Wetter beherrschen und Sonnenstrahlen sowie Wasserstrahlen schießen. Darüber hinaus kann Susi auch noch fliegen."

Doch auf einmal ertönte ein Geräusch, das so klang: *Düt Düt Düt*

Düt Düt Düt. Dann folgte ein lautes *BUMMMM*. Bäti hatte das Mikrofon fallen lassen und stürmte zum großen Bildschirm. Auf dem Bildschirm sah man eine Karte vom Linantal und einen rot blinkenden Punkt.

Plötzlich wackelte das Hauptquartier. Bäti rief: „Bigmolton ist ausgebrochen, ihr müsst euch verwandeln und dann schnell raus hier. Los, retten wir die Welt!"

Ellie S., *10 Jahre aus Sachsen.*

Die Schule der Elemente

Es war einmal ein Mädchen, das Isabel hieß. Isabel ging auf die Schule der Elemente. Sie hatte ihr Haustier mitgebracht. Es war eine Flugeinhornkatze. Alle Anfänger bekamen eine Meerjungfraufee und Isabels Fee hieß Schalin.

Schalin sagte: „Es gibt vier Gruppen an unserer Schule – Feuer, Luft, Erde und Wasser."

„In welcher bin ich?", fragte Isabel.

Schalin sagte: „Wir werden es bald bei dem göttlichen Stein herausfinden."

„Ein göttlicher Stein?", fragte Isabel nach.

Als sie bei dem göttlichen Stein waren, erklärte Schalin, dass Isabel ihre Hand darauf legen sollte und der Stein ihr sagen würde, zu welcher Gruppe sie gehört.

„Darf man sich das nicht selber aussuchen?", wollte Isabel wissen.

Schalin rief: „Nein, auf gar keinen Fall!"

Isabel fragte: „Warum denn nicht?"

Schalin antwortete: „Weil du sonst in eine Gruppe gehst, in der du dann nicht zaubern kannst."

Nun wusste Isabel Bescheid. Das wollte sie natürlich nicht. Endlich legt Isabel ihre Hand auf den Stein und er sprach: „Du gehst zum Element Wasser."

Schalin war neugierig und wollte die Antwort des Steins wissen. Auf einmal kam Wasser aus Isabels Hand. Zuerst erschrak Schalin, aber dann wusste sie, zu welcher Gruppe Isabel gehörte. Jetzt zeigte Schalin Isabel ihr Zimmer, in welchem sie mit zwei anderen Mädchen zusammen wohnte. Sie hießen Laura und Alina. Die beiden hatten auch Meerjungfraufeen, sie hießen Sara und Ronya.

Schalin sagte: „Der Unterricht beginnt gleich und wir müssen dir noch die Schuluniform anziehen." Schnell zog sich Isabel um und Alina und Laura boten ihr an, neben ihnen zu sitzen.

Plötzlich kam der Lehrer Herr Schock herein und stellte die neue Schülerin vor. Im Unterricht sollten sie heute lernen, ein Glas mit Wasser zu füllen. Alle durften es vor der Klasse einzeln ausprobieren. Bei allen klappte es gut, nur bei Isabel ging es nicht so gut und der Tisch war danach sehr nass.

Als der Unterricht vorbei war, trösteten sie Alina und Laura. Zurück auf dem Zimmer fragten die Feen, wie es gelaufen sei.

„Es war ganz gut", meinte Isabel.

Am nächsten Tag war der Unterricht im Garten der Schule am magischen Fluss. Heute hatten sie nicht mit Herrn Schock, sondern mit der Frau von Herrn Schock, also mit Frau Schock, Unterricht.

Frau Schock sagte: „Wir werden heute mit Wasser Strahlen machen." Dann versuchten sie es und sogar bei Isabel klappt e es. Sie war überglücklich, dass sie es geschafft hatte.

Am darauffolgenden Tag stand ein Test auf dem Programm: Wasser gegen Feuer! Alle Kinder aus der Feuer- und Wassergruppe versammelten sich. Die Lehrerinnen und Lehrer sagten: „Es gibt fünf Runden und ihr müsst Feuer- oder Wasserstrahlen schießen. Wer gewinnt, bekommt Punkte."

Isabell musste gegen den besten Jungen der Feuergruppe antreten.

Laura und Alina traten gegen zwei Mädchen an. Schalin feuerte Isabel und die anderen Freunde an. Bei Isabel gab es ein Kopf-an-Kopfrennen – mal war der Junge besser, aber dann holte Isabel wieder auf. Alle Kinder waren schon fertig, außer Isabel und der Junge. Beide wurden von ihren Gruppen angefeuert. Als es Abend war, waren Isabel und der Junge fertig.

Alina und Laura verloren und dann sagte Frau Schock: „Der letzte Kampf ist zu Ende!"

Der andere Lehrer aus der Feuergruppe kündigte an: „Es war wirklich ein erstaunlicher Kampf und ganz, ganz knapp hat Isabel gewonnen!"

Nun kam Isabels Gegner auf sie zu und sprach: „Das war ein guter Kampf. Ich heiße übrigens Alex."

Dann wandte sich Schalin an Isabel und sprach: „Uuuu, du hast einen neuen Verehrer!"

Isabel stritt das ab. Nun gingen alle wieder auf ihr Zimmer. Nur Isabel blieb noch am magischen Fluss und dachte über den Tag nach. Da kam Laura mit einer Decke raus und sagte: „Bleib nicht so lange auf." Sie deckte Isabel zu und ging wieder rein.

Nun kam Alex raus und setzte sich zu Isabel: „Schön hier draußen, man kann gut die Sterne sehen. Schau, dort kommt eine Sternschnuppe." Isabel und Alex wünschten sich etwas.

Am nächsten Morgen war frei und die Mädchen gingen in der Stadt Dreamer einen Smoothie trinken. Laura sagte: „Der Smoothie ist echt lecker! Alina, du hast echt wieder einen guten Spürer gehabt und einen tollen Platz ausgesucht."

„Danke!", antwortete Alina. „Ich finde es auch lecker und gemütlich."

Nun wollte Isabel wissen, wo die Meerjungfraufeen sind. Laura erklärte, dass sie sich in der Meerjungfrauenfeen-Welt aufhielten.

Da kam Alex und sah die Mädchen. Er ging auf sie zu und fragte: „Ihr habt es ja schön, darf ich mich dazusetzen?" Isabel nickte, er setzte sich dazu und sie wurden gute Freunde.

Nun war ein Jahr vergangen. Frau Schock sprach: „Nun werden wir die magische Königin und den magischen König ernennen."

Aber auf einmal stürmte eine Schülerin herein und schrie: „Ich allein sollte gekrönt werden und kein anderer darf die mächtigsten aller mächtigen Kräfte besitzen außer mir!"

Isabel und Alex reagierten wie ein Blitz und antworteten: „Wir werden dich aufhalten und wenn ..."

Aber sie wurden von einem Sturm von ihr überrascht und wurden zurückgetrieben. Schließlich bündelten sie ihre Kräfte und konnten die Schülerin besiegen. Nun konnte das Fest weitergehen. Frau Schock sagte: „Isabel und Alex werden gekrönt. Sie haben uns gerettet. Und jetzt wird getanzt!"

Nach der Krönung feierten alle fröhlich und ausgelassen. Nach einer Weile entdeckte Alex Isabel am Rand und fragte, was los sei. Sie antwortete: „Ich habe zwar alles, was ich will, aber es fehlt noch was. Mein Sternschnuppenwunsch soll in Erfüllung gehen."

Plötzlich passierte etwas Magisches. Alles um Isabel begann zu glitzern. Ihr Kleid war nun voller Glitzer und funkelte.

Da schrie Frau Schock: „Du bist die verschollene Prinzessin!"

Daraufhin antwortete Isabel: „Ich wollte doch nur eine gute Schülerin sein und jetzt so etwas Verrücktes!"

So wurde Isabel Königin und lebte glücklich bis an ihr Lebensende.

Enni Mai, 9 Jahre aus Rötha, Hobbys: Schach und Oboe spielen, Zeichnen Interessen: Musik hören, Schach, Kunst, Oboe, Dinos.

Die Schule der Furcht

Es war einmal vor langer Zeit, da gab es eine Schule, welche von allen Kindern, die auf diese Schule gingen, DIE SCHULE DER FURCHT genannt wurde. Denn sobald man den ersten Schritt in diese Schule machte, hörte man bloß eins, nämlich: „Ccccccrrrrrrr." Das fanden die Kinder sehr abschreckend, deshalb ging das Gerücht herum, dass angeblich ein Troll sein Unwesen unter der Treppe treiben sollte.

Es gingen viele Kinder auf diese Schule, aber unter den ganz normalen Kindern war auch jemand, der etwas anders war. Das wusste aber nur ihr bester Freund Magnus. Das Mädchen hieß Ella und Magnus konnte sie alles anvertrauen. Beide kannten sich schon seit dem Kindergarten. Jetzt gingen sie ja schon in die Schule. Das Besondere an Ella war, dass sie eine Hexe mit zweifarbigen Augen war. Doch sie zeigte nicht gern, dass sie eine Hexe war. Ihr Vater Christof war ein Hexer und ihre Mutter ein Vampir.

An einem wunderschönen Tag war mal wieder Schule. Ella fuhr jeden Tag mit ihrem lilablauen Fahrrad zur Schule. Magnus holte sie immer von zu Hause ab, damit sie gemeinsam hinfahren konnten. Schon klingelte die Pausenklingel – *ding dong ding dong*! Schnell huschten sie in ihre Klassen. Mal wieder knurrte es im ganzen Haus: „Cccccccccccccccrrrrrrrrrrrrrrr." Heute hatten sie als erste Stunde Deutsch mit Frau Blumenwisel. Sie war eine sehr, sehr nette Lehrerin. Sie konnte es bloß nicht leiden, wenn ihr Name ins Lächerliche gezogen wurde.

Als die ersten Stunden zu Ende waren, ging es auf den Schulhof. Ella hatte sich auf dem Hof mit Matilda zum Spielen verabredet. Matilda war früher in der Grundschule mit Ella und Magnus. Aber Matilda wusste nichts von ihrer Hexkraft. Schon waren die 15 Minuten Hofpause zu Ende. Nun hatten sie zwei Stunden Kunst. Sie freuten sich gar nicht, denn sie hatten Unterricht bei Herrn Tokel.

Er atmete immer so laut und schnarchte gleichzeitig. Das klang wie bei dem Troll unter der Treppe. Zum Glück hatten sie jetzt nur noch eine Stunde Mathe mit Frau Blumenwisel. Die Stunde ging so schnell vorbei.

Ella ging mit Magnus nach Hause. Kaum trat Ella zur Tür hinein, dachte sie nur: „Ach du altes Spinnenbein." Denn ihre Eltern hatten ein paar neue Tränke ausprobiert.

Zwei Stunden später aßen sie Abendbrot. Es gab Limettenkrötensuppe. In dieser Nacht hatte Ella einen besonderen Traum und dieser war furchtbar. Sie wachte sofort auf, zog sich an, schlich aus dem Haus und fuhr mit dem Fahrrad zu Magnus. Er erschrak, als Ella plötzlich vor seinem Fenster stand. Ella erzählte ihm alles. Magnus verstand es natürlich gleich und kam mit ihr mit. Schon gingen sie los. Es war gruselig und so furchterregend.

Ella sagte zu Magnus: „Klapper doch nicht so mit den Zähnen, ich bin doch da. Du weißt doch, ich bin eine Hexe."

Er nahm seinen größten Mut zusammen und ging weiter.

Ella sprach: „Da vorne ist es schon. Komm, wir sind gleich da!"

„Willst du da wirklich rein? Ich meine, wir können doch nicht mitten in der Nacht in die Schule einbrechen? D...d...d...da...a...a könnte doch der Troll herumlaufen", gab Magnus zu bedenken.

Aber sie mussten in die Schule gehen, da dies Ella in ihrem Traum gesehen hatte. Also wollte Magnus wissen, wo sie genau hingehen sollten. Ella antwortete: „Ich glaube, es wird dich nicht erfreuen, denn wir müssen irgendwie unter die Treppe." Magnus hielt Ella für völlig übergeschnappt und wollte sie abhalten. Doch in der Zeit, als Magnus erzählte, war Ella schon längst über den Schulzaun geklettert. Sie fragte: „Na, kommst du auch rüber?" Magnus wunderte sich, wie Ella ohne Leiter rübergekommen war. Daraufhin erwiderte sie nur: „Nicht jeder ist so unsportlich wie du!" Dann nutzte sie ihre Hexkraft und sprach plötzlich irgendetwas wie: „Enemene biegen, Magnus wird jetzt über den Zaun fliegen. Hex hex!" Schon erhob sich Magnus vom Boden und flog über den grauen Schulzaun. Doch plötzlich brach Ella vor seinen Füßen zusammen.

„Ella, was ist mit dir? Alles gut?", fragte Magnus schwitzend. Er war selbst völlig überfordert.

Ella stand langsam wieder auf, war aber noch ganz wackelig auf den Beinen. Sie war zu schwach, um allein zu laufen. Magnus sorgte sich, wie sich Ella jetzt fortbewegen sollte. Schließlich mussten sie sich beeilen, da die Sonne bald aufging. Also wollte sich Ella einen fliegenden Stock bauen. Magnus brachte ihr zwei dicke Äste und ein paar kleine Stöcke. Bevor Magnus etwas dazu sagen konnte, fing Ella schon an zu hexen: „Enemene dreibenboch, Boden, bau dich zusammen und schwebe mit mir hoch. Hex hex!" Tatsächlich flog Ella nun in die Luft. Aber nun hatten sie das Problem, dass sie nicht in die Schule kamen.

„Ella, Ella, Ella!", flüsterte eine furchterregende Stimme.

„Hast du das gehört? Diese gruselige Stimme?", wollte Ella von Magnus wissen. Ein leises Grollen hörte Magnus auch, aber nicht den Ruf von Ellas Namen. Nun gab es kein Halten. Ella musste sofort in die Schule. „Enemene grauf, Schultür, geh endlich auf. Hex, hex!" Sofort ging die alte Tür auf. Magnus konnte nicht glauben, was er da sah. Es stand ein riesengroßer Troll vor der Tür.

„Ella, ich habe auf dich gewartet. Es wurde Zeit, dass du den Traum von dieser Schule geträumt hast."

„Warum?", fragte Ella.

„Du musst dieser Schule helfen. Geh nach oben auf den Dachboden und nimm die große Kugel in die Hand."

„Aber was passiert dann?", wollte Ella wissen.

„Dann wäre ich dir ewig dankbar. Ich könnte wieder auf diese Schule gehen. Du musst wissen, dass ich ein ganz normaler Junge bin. Die böse Hexe Alexia hat mich verwandelt und mir einen Fluch auferlegt. Ich kann nur von einer kleinen Junghexe erlöst werden." Sofort wollte Ella helfen, doch Magnus zögerte noch. Er hatte Angst, dass auf dem Dachboden die böse Hexe Alexia sein könnte. Aber Ella hatte keine Angst. „Und selbst wenn es so wäre, dann verhexe ich sie in eine Kröte. Hihihi!"

Also hörten sie auf zu plappern und gingen nach oben. Jetzt mussten sie nur noch durch diese eine Tür. Ella ging den ersten Schritt und sah die Kugel. Magnus wollte eigentlich hinrennen und Ella die Kugel geben, aber das war Ella zu einfach. Deshalb stoppte sie ihn schnell.

Sie sprach: „Dort, siehst du das? Das ist ein Hut. Warte kurz und bleib hinter mir! EIERBEIN UND MÄUSEWITZ, ZEIGE DU MIT DEM HUT DEIN ECHTES GESICHT. HEX HEX!"

Doch was Ella und Magnus nun erwartete, war nicht so witzig. Die Frau mit dem komischen Hut schwebte zu ihr hin. Na, wenn das nicht die Hexe Alexia war. Sie sprach zu Ella: „Du bist bestimmt hier, um den Troll von seinem Fluch zu befreien."

„Was sonst? Denkst du, ich will ein Kaffeekränzchen mit dir und Magnus machen! Sei leise, du dumme Alexia! ENEMENE GROß UND KLEIN, UM DICH EIN STARKER HEXENRING SOLL SEIN. HEX HEX!"

Alexia wurde wütend, aber das war Ella egal. Mit aller Kraft versuchte sie, einen Hexenring herauszubekommen. Magnus wollte ihr helfen. Ella forderte ihn auf, ihr Handy von der dritten Treppenstufe bei dem Troll zu holen.

Alexia sprach: „Diese Junghexen von heute. Na, Ellalein, hast du deinen scheußlichen Freund weggeschickt, um Hilfe zu holen?"

Genau in diesem Moment kamen die fünf besten Hexen herein. „ACH, BESTO KALENO. HEX HEX!", sprachen sie.

Alexia wollte wissen, was hier so rumgehext wurde. Die Hexen antworteten: „Es geht nicht, dass du eine Junghexe einsperrst und dann ein ganz normales Schulkind mit einem Trollfluch belegst!"

Alexia wollte sich wegzaubern, aber sie konnte nicht. Sie wurde mit einem Spruch verhext.

Ella konnte nun aus dem Hexenring heraus und war überglücklich, dass es funktioniert hatte.

Die Althexen sprachen: „Ella, du bist so eine nette, kleine Hexe, wir sind immer für dich da. Komm, wir gehen runter, der kleine Junge ist wieder ein ordentlicher Mensch."

Nun gingen sie die Treppe hinunter und sahen einen niedlichen kleinen Jungen. Dieser bedankte sich von ganzem Herzen, dass die Hexen ihn erlösen konnten. Da der Junge Hunger hatte, begann Ella, etwas Leckeres zu hexen.

Genau in diesem Moment kamen alle Kinder in die Schule und sahen, wie sie hexte. Sie waren erstaunt und fragten Ella, warum sie sich immer aus allem herausgehalten hatte. Ella dachte nicht, dass die anderen so gut reagieren würden. Sie hatte immer Angst gehabt, es ihnen zu zeigen.

Alle lachten und sagten dabei: „Dachtest du, dass wir dich ärgern, weil du anders bist?"

Ja, davor hatte Ella wirklich Angst, aber nun wusste sie, dass es anders war. Von nun an musste sie sich nicht mehr aus allem raushalten. Sie berichtete, dass der Troll unter der Treppe von der bösen Hexe Alexia verflucht worden war, aber nun erlöst sei. Man brauchte sich auch keine Sorgen um Alexia machen, denn ihr wurden die Hexkräfte genommen.

„Das ist ja toll!", freuten sich alle.

Jetzt war auch das gruselige Treppenknacken weg und es gab einen neuen Schüler. Ganz genau so war es. Alle waren glücklich und das war das Ende von einer eigentlich ganz normalen Schule.

Gwendolyn Flach, *10 Jahre aus Rötha, Hobbys: Tanzen, Malen, Basteln.*

Das Glück der Dinos

Es lebte einmal ein Junge namens Olaf. Er war Erfinder, so wie sein Vater, und er fand es cool. Er baute heimlich eine Zeitmaschine. Doch eines Tages ging es schief, er wurde in die Dinozeit geworfen. Erst dachte er sich: „Scheiße!", doch dann fand er es cool, denn er mochte Dinos sehr.

Aber erst einmal zu Olaf. Er hatte kurze Haare und ein zu kurzes Bein, deswegen hatte er einen Gehstock. Nun aber wieder zu Olaf in der anderen Zeit. Er sah Land-, Wasser- und Flugsaurier.

Nachdem er zwei Jahre dort war, hatte er einen T-Rex als Freund, den er Teero nannte, und so spielten sie tagein, tagaus und hatten keine Sorgen. Eines Tages aber fand Olaf heraus, dass er ein Halbgott war.

Und so kam es, dass er in der Nacht die anderen Götter sagen hörte: „Wir müssen diese Wesen töten, sonst ist kein Platz für Menschen auf der Erde."

Also beschlossen sie, einen Kometen auf die Erde zu lenken, doch dazu kam es nicht. Viele Götter meinten, die Dinos würden sowieso bald sterben. So hatten die Dinos Glück. Doch bald starb Teero, weil er Olaf vor einem Terodaktilus beschützt hatte. Olaf war traurig, doch er ahnte nicht, dass er unangenehmen Besuch kriegen würde. Denn er war mächtig und das wussten die anderen Götter und so wollten sie ihn töten.

Sie schickten einen Dämon, um Olaf zu töten. Doch dies misslang, denn Olaf hatte sich ein Feuerschwert gebaut mit Hohlraum für eine entzündbare Flüssigkeit, damit das Schwert brannte. So schmolz der Dämon.

Doch in einer Nacht hörte Olaf wieder die Götter reden: „Heute machen wir es wahr."

Und so lenkten sie einen Meteoriten auf die Erde. Am nächsten Tag schlug er ein. Olaf befand sich auf einmal wieder in seinem Labor.

Ihr fragt euch, wie das geht?

Ich sage es euch. Als der Meteorit einschlug, wurde eine göttliche Teleportation in Gang gesetzt. Diese galt aber nur für Götter. So kam er zurück. Er freute sich, seine Eltern wiederzusehen. Sie sagten aber, dass er nur fünf Minuten weg gewesen sei. Dann erzählte er ihnen alles und war glücklich und zufrieden.

Leo, 9 Jahre, Hobbys: fast alle Ballsportarten.

Der normale Tag,
der ein Albtraum wurde

Es war mal ein Junge, der hieß Max. Max wollte an einem schönen Tag zur Schule. Er hatte aber keine Lust darauf, weil er seine Hausaufgaben vergessen hatte. Außerdem hatte er die schlimmste Lehrerin, die es in der Schule gab. Sie hieß Frau Blut. Aber das war noch nicht alles.

Als er sich ins Klassenzimmer gesetzt hatte, fiel ihm auf, dass sein bester Freund Robert nicht in der Schule war. Als er nach ein paar Minuten immer noch nicht da war, gab er die Hoffnung auf, dass Robert heute noch kam. Dann kam die Lehrerin Frau Blut in die Klasse und schmiss ihr Buch auf den Tisch. Alle bekamen Angst, weil sie so angsteinflößend aussah. Sie kontrollierten natürlich die Hausaufgaben und Max war der Einzige, der seine Hausaufgaben vergessen hatte. Deshalb bekam er einen riesengroßen Ärger und wurde vor allen Kindern angeschrien.

Die Schule war sonst eigentlich schön und auch Kunst war ein schönes Fach – aber mit der strengen Frau Blut war das alles andere als schön. Sie mussten einen Clown zeichnen. Max war der beste Zeichner der Klasse und trotzdem bekam er nur schlechte Noten. Heute hat er mal wieder eine 5 von Frau Blut bekommen und war richtig sauer auf sie. Alle Mädchen bekamen die Note 1 und dieses Mal bekam sogar der Marcus, der sonst nur Einser hatte, eine 6 von Frau Blut. Er rastete aus und wollte sofort auf Frau Blut losgehen. Doch Max konnte ihn in letzter Sekunde aufhalten. Marcus war auch ein guter Freund von Max und hatte die Situation nur noch nicht richtig verarbeitet. Nach der Stunde entschuldigte sich Marcus noch einmal bei Frau Blut. Am Nachmittag trafen sich Max und Marcus, um für Mathe zu lernen. Dort stand nämlich am Dienstag der nächste Test auf dem Programm. Dann zockten sie noch Fifa.

Felix, 10 Jahre, aus Rötha.

Die Schule
der magischen Stifte

In der Schule der magischen Stifte gibt es Stifte, die leben sogar oder sind Monster. Sie können böse, aber auch lieb sein. Ein Kind namens Tim ging auf diese Schule. Nun kommen wir zu Tims Zuhause.

Es war früh am Morgen und Tim saß am Frühstückstisch. Er aß gerade ein Brötchen, als seine Mama, die Dani heißt, ihn daran erinnerte, dass er zur Schule musste. Tim wollte nicht, da er so müde war, aber das nützte nichts. Er musste zur Schule gehen.

Als Tim an der Schule ankam, war ihm ganz schlecht. Die Schule sah etwas gruselig aus. Er ging hinein und wollte in seine Klasse gehen. Sein Lehrer Herr Dach stellte Tim vor. Tim hatte ein bisschen Angst und er hatte bis jetzt keine Freunde.

Nach der Schule ging er nach Hause. Dort erzählte er alles seiner Mama Dani. Sie machte ihm Mut, dass morgen sicher alles besser würde. Tim ging ins Bett und wartete auf den Morgen. Wieder wollte er nicht aufstehen, aber er musste. Er stand auf, aß ein Croissant und hatte Bärenhunger.

Dani sagte: „Heute wird es besser, glaube mir!"

Also probierte Tim den zweiten Tag an seiner neuen Schule. Als er wieder in der Schule war, war sein grüner Stift weg. Alle grünen Stifte waren auf einmal weg. Dann waren plötzlich alle roten, dann alle braunen und schließlich alle Stifte weg.

Herr Dach rief: „Wo zum Teufel sind eure Stifte hin? Sogar meine Stifte sind weg. Wer war das?"

Wer das wohl war, wusste keiner. Jeder hoffte, nicht verdächtigt zu werden. Vielleicht war es Nico? Dann schoben es alle auf Tim, da er ja der Neue an der Schule war.

Tim bestritt das natürlich und sagte immer wieder: „Ich wars nicht, ich war das nicht!" Dann ging er auf die Toilette und schloss die Tür zu. Er hörte etwas sehr Lautes, etwas Großes. Es war ein

Stiftmonster. Tim kam auf eine Idee und blieb bei dem Monster, um es zu beobachten. Er musste zum Beispiel herausfinden, wo ihr Versteck war, damit sie keine Monsterprobleme mehr hatten. Wo sie hergekommen waren, wusste keiner, aber Tim wollte es herausfinden und nicht entdeckt werden. So wie es aussah, waren sie böse. Aber er fragte sich, warum sie das wohl machten.

Plötzlich kam ein Monster, das war Green. Es sah aus wie eine Schlange. Tatsächlich – es war eine Schlange. Ob sie wohl giftig war? Dann kam noch eins aus der Klasse 2a und hatte einen Sack voller Stifte dabei. Dieses Monster hieß Türkis und sah aus wie ein türkisfarbener, großer Dino.

Tim ging leise in die Nähe seines Klassenzimmers. Als er ankam, sagte Herr Dach „Na endlich, wenn du noch länger weggewesen wärst, hättest du eine 3 von mir bekommen!"

Da war Tim glücklich, dass er rechtzeitig zurück war. Aber auf einmal war da ein sehr lautes Geräusch. Es war so laut, dass die ganze Klasse es gehört hatte.

Am nächsten Tag, als er wieder in seiner Klasse war, kam ein neuer Schüler namens Hendrick. Als er ankam, waren seine Stifte auch nicht mehr da. Schließlich sagte Herr Dach: „Na gut, ihr dürft nach dem Problem suchen. Aber passt auf euch auf, denn es könnten Monster dahinter stecken!"

Als sie draußen waren, sahen sie ein Portal. Sie gingen hindurch und waren in einer komplett anderen Dimension. Es war eine Welt voller Pflanzen mit zahlreichen blühenden Blumen. Nun entdeckten sie hinten drei Monster. Eines war sogar orange. Es war das größte von ihnen und sah aus wie eine orangefarbene Puppe mit einem schwarzen Kreuz am rechten Auge. Sie gingen in die Richtung eines anderen Portals. Als sie hineingingen, waren sie zurück in ihrer Schule. Das wunderte sie.

Woher die Monster kamen, wussten sie eigentlich noch immer nicht. Auch sonst erfuhren sie nicht viel von den Monstern. Sie kamen nur zu der Erkenntnis, dass sie die Stifte von anderen klauten und in ihre Welt brachten. Das war es. Die Kinder überlegten, ob sie das erzählen sollten. Sie hatten Angst, von der Schule zu fliegen. Aber sie mussten es erzählen und taten es auch.

Mateo, 9 Jahre, aus Rötha.

Die Magie-Schule

Diese Geschichte handelt von einer magischen Schule, von Freundschaft und vom Zusammenhalt. Und jetzt beginnt sie …

Die Lehrerin wollte gerade eine Hausaufgabe aufsagen, als plötzlich in allen Räumen eine Stimme ertönte: „Heute, am 25. Oktober 2023, kommen eine neue Schülerin in die Mädchenklasse von Frau Rieke und eine neue Lehrerin für die Jungen."

Die Mädchen freuten sich auf das neue Kind und die Jungen auf die Lehrerin, welche Frau Proms hieß. Als Frau Proms in die Klasse der Jungen kam, war alles still. In der Klasse von Frau Rieke freuten sich alle auf das neue Mädchen. Es sollte Elisa heißen. Dann ging der Unterricht los. In der Klasse von Herrn Molch war Frau Proms nur Assistenz-Lehrerin.

Alle Mädchen riefen gleichzeitig: „Hallo, Elisaaaa!"

Elisa freute sich sehr, dass ihre neue Klasse sie so nett begrüßt hatte. Die Jungen fanden es toll, dass eine neue Assistentin in ihrer Klasse war.

Frau Rieke erklärte Elisa, dass diese Schule magisch sei. Gern wollte Elisa von Frau Rieke wissen, wie sie das meinte mit dem „magisch". Frau Rieke sagte: „Die Schule lebt und sie hilft dir, wenn du Hilfe brauchst. Außerdem kann sie einem Gesellschaft leisten." Aber Frau Rieke warnte davor, das den Eltern zur erzählen. Niemand, wirklich niemand sei in dieser Schule allein. Außer Benjamin, der war zu der Schule richtig, richtig böse gewesen. Deswegen verbannte die Schule ihn.

Da sprach die Schule zu Elisa: „Du musst dir keine Sorgen machen, das machen wir nicht noch einmal!"

Nun setzte sich Elisa wieder auf ihren Platz. Die Jungen machten schon wieder Rambazamba.

Frau Proms rastete fast aus vor Wut. Da brüllte sie los und sagte, dass sich alle auf ihre Plätz setzen sollten. Als alle saßen, kam der richtige Lehrer und lobte Frau Proms, dass alle so fein saßen. Die Jungen wollten die ganze Zeit dem Lehrer sagen, dass Frau Proms sie angebrüllt hatte. Als Max es endlich sagen konnte, wusste dies der Lehrer schon und teilte den Jungen mit, dass Frau Proms in die Mädchenklasse befördert werden sollte. Damit war Max zufrieden.

„HHHIIIILLLLLLFFFFFE", ertönte es in der Schulaula. Alle erschraken und fragten die Lehrer, was los sei. Aber die Lehrer wussten es auch nicht. Die Lehrer waren geschockt.

Mir fällt gerade ein, dass ich euch noch gar nicht gesagt habe, dass die Schule im Herbst und Anfang Winter spukt. Heute war der 25. Oktober 2023 − es könnte also auch sein, dass das die Schule war. Aber jetzt geht es weiter.

Frau Rieke sagte, dass es die Schule sein könne, denn es sei ja Ende Oktober und da SPUKE die Schule immer ein wenig. Die Kinder bekamen etwas Angst, aber Frau Rieke beruhigte sie. Die Mädchen wollten wissen, wie lange die Schule schon spuke. Frau Rieke sagte, dass dies seit 13 Jahren so sei. Maike wollte wissen, warum die Schule spuke, aber das wollte Frau Rieke ein anderes Mal erklären.

Am nächsten Tag entschied sich Frau Rieke, die ganze Geschichte zu erzählen. Alle Mädchen lauschten gespannt und Frau Rieke fing an: „Es war ein schöner Sommermorgen und ich war selber noch in der Schule. Zu dieser Zeit sollte die Schule noch geheim bleiben. Ein Schüler hatte es aber seinen Eltern gesagt, dass die Schule magisch ist. Deswegen wollten die Eltern den Schuleiter verklagen. Die Schule hat sich dagegen gewehrt und ich wurde dabei aus Versehen von der Schule überrumpelt. Da habe ich ganz laut geschrien. Und zwar HHHHHIIIIILLLLLFFFFFFFFEEEEEEEEEE! Die Stimme, die gestern ertönte, das war meine vor 13 Jahren. Die Schule hat sich meine Stimme gemerkt. Seitdem spukt die Schule ein wenig."

Die Kinder sagten, dass Frau Rieke das allen sagen müsse. Die anderen würden das verstehen. Also erzählte Frau Rieke allen ihre Geschichte und ab diesem Zeitpunkt spukte die Schule nicht mehr. Seit diesem Tag braucht keiner mehr Angst haben und die Schule spielte immer Lieder ab.

Und das war die Geschichte von der Magie-Schule.

Frida Anni Danz, *10 Jahre, aus Rötha, Interessen: Karate, Tischtennis, Tanzen.*

Die strengste Schule der Welt

Es war einmal eine Schule, wo es sehr strenge Lehrer gab. Es gab Herrn Tonne, Frau Waldboden, Herrn Cool und den Direktor. Die Klassenzimmer waren sehr klein, sodass nur zehn Kinder hineinpassten. Plötzlich kam Frau Waldboden. Alle hielten den Atem an und dann teilte sie mit, dass morgen eine Arbeit geschrieben werden sollte.

In der nächsten Stunde sagte Herr Tonne: „Morgen bekommen wir ein neues Kind in die Klasse."

Am nächsten Morgen hatten die Kinder keine Lust auf die Arbeit. Da kam Lisa, sie war die neue Schülerin. Doch Frau Waldboden kannte kein Erbarmen und ließ Lisa die Arbeit mitschreiben. Lisa weinte, weil sie nichts wusste, und fand es sehr ungerecht. Dann erklärten die anderen Kinder Lisa, dass dies die strengste Schule der Welt sei. Doch Lisa sagte es ihrer Mama. Diese wollte nun eine Beschwerde schreiben.

Am nächsten Morgen gab Lisa die Beschwerde ab. Frau Waldboden rastete komplett aus. Sie wollte Lisa eine 6- geben, doch Lisa wusste sich zu wehren. Sie sprach: „Wenn Sie weiter so böse zu mir sind, dann sage ich alles dem Direktor!"

Frau Waldboden war geschockt. Sie erwiderte: „Wer zuletzt lacht, lacht am besten."

Nun konnte Lisa endlich mal Herrn Cool kennenlernen. Der war wirklich cool.

Schließlich kam noch ein Kind in die strengste Schule der Welt. Dieses Kind hieß Nico. Doch Nico konnte von Glück reden, dass er so schlau war. Am nächsten Morgen schrieben sie eine unangekündigte Arbeit und Nico hatte eine 1. Die anderen Kinder hatten 4en, 3en und 5en. Lisa wollte aber diese Schule zu einer coolen Schule machen.

Auf einmal kam ein riesiges MONSTER! Alle hatten sehr viel

Angst. Die meisten rannten weg, andere versteckten sich und noch mal andere bewarfen das Monster mit Sachen.

Das Monster machte aber nichts. Schließlich sagte es: „Hört bitte auf, das tut weh. Ich tue euch doch gar nichts."

Einige Wochen später hatte das Monster schon viele Freunde gefunden. Aber manche hatten immer noch Angst. Dank des Monsters waren die Lehrer und die Lehrerinnen jetzt auch nett.

Auf einmal hörten alle ein Geräusch. ARAEAR! Alle bekamen furchtbare Angst, doch das Monster sagte: „Ich habe doch nur gepupst."

Die Lehrer und Lehrerinnen brachten am nächsten Tag sehr viele Geschenke mit, weil sie so streng gewesen waren. Es gab Dinos, Hot Wheels, Puppen und noch vieles mehr. Lisa und die anderen Kinder freuten sich riesig.

Das war die Geschichte der strengsten Schule der Welt.

Moritz, 10 Jahre, aus Rötha.

Die allerbesten Freunde
der Welt

Es waren einmal ein paar Freunde. Sie hießen Riven, Sky, Timi, Helia, Nawu und Bränden. Es gab auch einen Hofbesitzer, der hatte drei Söhne: Artur, Jack und Chack. Außerdem besaß er einen Hund und viele Kühe, Schafe und Katzen.

Riven sagte: „Ich hole mir was zu essen."

In einer anderen Schule lebten ein paar sehr schöne Mädchen.

„Heute ist doch Training", sagte Riven.

„Ja", sagte der Chef der Bande. „Also los. In der Schule gibt es was zu feiern. Sie singen, tanzen, spielen und essen gemeinsam."

Helia fragte: „Dürfen wir bitte mitfeiern?"

Daraufhin antwortet Timi: „Wir wollten doch heute bei Bloom, Stella, Flora, Mjusa, Tegna und Laila übernachten."

Riven schimpfte: „Nein, das Wochenende verbringt ihr diesmal bei mir!"

„Aber, Riven, wir sind eingeladen", sagte Timi.

Derweil überlegten die Mädchen, was sie machen sollten. Laila schlug eine Übernachtungsparty vor. Damit war Tegna einverstanden. Es wurde Abend und die Jungs kamen. Alle waren bis spät in der Nacht wach.

Stella sagte: „Wow, wir waren von 9 Uhr bis 00 Uhr wach."

„Du hast recht", meinte Bränden.

Von da an lebten alle in einem Haus.

Amelie Hase, *9 Jahre, aus Rötha, Hobbys: Selbstverteidigung; Interessen: Natur und Tiere*

Ende

Mo-Fr 09.55-10:15 Uhr

To be und je suis
Winkel bestimmen und Winkel berechnen
Akkusativ- und Dativobjekte unterscheiden
Wer wessen wem wen
Tonleiter und Polarlicht
Zu viel, zu schwer – ich schaffe es nicht

Dann
Geht die Glocke
Fußgetrappel auf den Gängen
Schnell zur Cafeteria
Brötchen, Muffins, Caprisonne
Wir lachen und toben
Wir chillen und schreien
Unser Motto yolo
Team und Gruppe, kein Solo
Pause.

Kein Drama mehr
Kein Kummer
Keine Angst
Keine Müdigkeit
Einfach reden
Einfach sein
Pause

Die Farben des Regenbogens
Das Pflaster für meine Seele
Der Rettungsanker im Meer meiner Müdigkeit
Der Ruheraum im Gewimmel
Eine Pause ist ein Zuhause.

Lillemor Becker, geboren am 31.08.2012, wohnt in Hillesheim in der Vulkaneifel und besucht die 6. Klasse des Geschwister-Scholl-Gymnasiums. Hobbys: Gesang, Schreiben, Tennis und unsere Hunde Perle und Lotti.

Das Internat des Grauens

Adrian und Emma aus Rietz hatten in letzter Zeit öfters schlechte
Noten aus dem Gymnasium nach Hause gebracht. Deshalb schickten sie ihre Eltern vorübergehend in ein Internat. Die beiden murr-
ten zwar, aber es half nichts.

Nach einer sechsstündigen Fahrt kamen sie endlich in dem Schü-
lerheim an. Sie gingen gleich hinein und schauten sich gründlich
um. So entdeckten sie das Empfangszimmer. Schnellen Schrittes gingen sie hinein und stellten sich vor: „Hallo, wir sind die Geschwister
Adrian und Emma aus Rietz."

„Okay, ich bin Madame Cruel. Ich werde euch nun euer Zimmer
zeigen", sagte diese und lächelte geheimnisvoll.

Sogleich gingen Adrian und Emma mit Madame Cruel mit. Als
sie im Zimmer angelangt waren, erschraken sie sehr, denn von der
Decke baumelten mehrere Skelette. Als sich die beiden umdrehten,
um Madame Cruel um Hilfe zu bitten, war diese plötzlich spurlos
verschwunden. Während sie ihre Sachen auspackten, lief ihnen ein
kalter Schauer über den Rücken.

Emma flüsterte ängstlich: „Ich hoffe, wir können bald wieder
heimgehen." Beide schauten hoffnungsvoll aus dem Fenster, doch
nichts tat sich. So legten sie sich schließlich in ihre Betten und schliefen bald ein.

Aber plötzlich, mitten in der Nacht, schreckten Adrian und Emma
aus dem Schlaf hoch. Beide sahen sich erschrocken an und Emma
wisperte voller Angst: „Hörst du diese seltsamen Geräusche auch?"

„Ja, lass uns nachsehen gehen", schlug Adrian vor.

„Du weißt aber schon, dass diese gruseligen Töne aus dem Keller
kommen?", fragte Emma.

„Ja, aber wir haben keine Wahl, wenn wir der Sache auf den Grund
kommen wollen", erwiderte Adrian.

Widerwillig folgte Emma ihrem Bruder in den alten, dunklen Keller. Als Erstes entdeckten sie eine große, vergitterte Zelle mit sehr seltsamen Geräten. „Emma, weißt du, was das ist?", fragte Adrian mit stockender Stimme. „Das ist ein komplett eingerichteter Folterkeller!"

Schreiend wollten beide zur Tür zurücklaufen, aber sie stolperten und schlugen so hart auf dem Boden auf, dass sie bewusstlos liegen blieben. Inzwischen fiel die Tür mit voller Wucht ins Schloss.

Als Adrian und Emma wieder erwachten, dröhnte ihnen der Kopf.

„Was war los?", flüsterte Emma.

„Ich glaube, wir sind gestolpert und dann bewusstlos geworden", antwortete Adrian.

Darauf fragte Emma: „Was sollen wir jetzt machen?"

„Keine Ahnung", entgegnete Adrian, „vielleicht sollten wir uns im Folterkeller genauer umsehen."

Gesagt, getan!

Nach einigem Suchen entdeckten sie hinter einer Wand mit verschiedenen Folterwerkzeugen eine schmale Tür. Vorsichtig zwängten sie sich hindurch und gelangten in einen Zellentrakt, von dem viele vergitterte Türen abgingen. Hinter jeder Tür hörten sie ein seltsames Ächzen und Stöhnen oder markerschütternde Schreie.

Adrian flüsterte: „Ich glaube, wir sind einem Geheimnis dieses Internats auf der Spur."

„Was für ein Geheimnis soll es denn in dem Haus geben?", fragte Emma.

„Ich habe einmal die Sage gelesen", antwortete Adrian, „dass es hier das grausamste Monster aller Zeiten gibt. Es soll sogar Menschengestalt annehmen können."

Schweigend schlichen Adrian und Emma weiter den Gang entlang, bis sie an eine riesige stählerne Tür kamen. Als sie diese öffneten, gelangten sie in ein Labyrinth. An einer Wand hing ein goldfarbenes Messingblatt mit der Aufschrift: *Labyrinth des Todes – keiner kommt da lebend wieder heraus.* Vorsichtig gingen die Geschwister weiter, bis sie in ein Gewölbe kamen, von dem viele verschiedene Türen abgingen. Ratlos legten sie eine kurze Rast ein und überlegten, was bisher alles passiert war.

Als sie wieder weitergingen, kamen sie in eine Art Spiegelkabinett, nur sahen sie in den Spiegeln nicht sich selbst, sondern viele eisenbeschlagene Türen.

Adrian seufzte verzweifelt: „Wie sollen wir unter den vielen Türen die richtige finden, dass wir wieder aus dem Labyrinth herauskommen?"

Doch plötzlich sagte Emma: „Nicht verzagen, Emma fragen! Ich habe eine Idee."

„Was denn für eine?", fragte Adrian überrascht.

„Pass auf!", erklärte Emma. „Stell dich einmal vor einen dieser vielen Spiegel und schau genau hin. Dann wirst du sehen, dass du hinter dem Glas deine Umrisse erkennen kannst."

„Juhu! Emma, du bist ein Genie!", jubelte Adrian und machte sich sofort auf die Suche nach der richtigen Tür.

Es dauerte aber trotzdem noch zwei volle Stunden, bis die Geschwister den Ausgang gefunden hatten.

Noah Tiefenbrunner wurde 2012 geboren. Seine Liebe zum Schreiben entdeckte er schon in der 1. Klasse Grundschule. Bereits in der 2. Klasse wurde er von einem Verlag als Testleser engagiert und seine Leidenschaft ist dadurch noch größer geworden. Aktuell besucht er die 6. Schulstufe.

Der Schultag,
der niemals endet

Es war einmal ein Mädchen namens Mara. Sie war zehn Jahre alt und ging in die vierte Klasse. Es war ein ganz normaler Montag und Mara ging in die Schule. Heute hatte Mara fünf Stunden, die erste und zweite Stunde hat sie Deutsch, dritte und vierte Stunde Mathe und die fünfte Stunde hatte sie Englisch.

Mara ging in den Klassenraum und sah, dass die Tische anders standen und es eine neue Sitzordnung gab. Mara suchte ihren Platz, sie hoffte, dass sie nicht neben den Jungs sitzen musste.

Maras beste Freundin rief: „Komm schnell her, ich hab dir einen Platz freigehalten!"

Sie rannte zu ihrer Freundin Taja, als Malte ihr plötzlich ein Bein stellt. Taja rief: „Halt, pass auf!"

„Aua!", schrie Mara, als sie über Maltes Bein flog. Ihr Knie blutete, die Hose hatte ein großes Loch und die Handinnenflächen taten ihr vom Sturz auch weh. Taja ging schnell zu Mara und fragte, ob sie aufstehen könne. Mara antwortete: „Ja, geht schon!"

Frau Schmidt, die Lehrerin, kam rein und sagte: „Was ist hier denn los?"

Mara rief: „Hallo, Frau Schmidt, ich brauche ein Pflaster, Malte hat mir ein Bein gestellt."

Frau Schmidt rief: „Hallo Mara! Du bekommst ein Pflaster, warte kurz!"

Malte und Jonas fingen an zu lachen und Taja schrie: „Hört auf, Mara auszulachen. Malte, das ist alles nur deine Schuld!"

Frau Schmidt rief: „Hört auf, euch anzuschreien, wir klären das gleich!"

Malte rief: „Frau Schmidt, ich habe nichts gemacht!"

„Doch, hast du", sagte Mara.

Frau Schmidt sagte: „Ruhe! Taja, du holst bitte einen Kühlakku für Mara. Wenn Taja wieder da ist, klären wir das im Hortraum!"

Taja sagte: „Okay, ich beeile mich!"

Taja kam wieder und brachte Mara den Kühlakku. Mara sagte: „Danke!", und kühlte ihr Knie.

Frau Schmidt sagte: „Mara, Malte, Jonas und Taja kommen bitte mit in den Hortraum!" Als Frau Schmidt mit ihnen den Streit klärte, machte die restliche Klasse nur Quatsch. Der Streit war geklärt und Frau Schmidt kam mit den anderen zurück in den Klassenraum.

Frau Schmidt schrie: „Ruhe! Der Unterricht beginnt!"

Dann sagte sie: „Guten Morgen, Klasse 4!"

Die Klasse rief: „Guten Morgen, Frau Schmidt!"

„Heute gehen wir in die Schulbibliothek", sagte Frau Schmidt. Die Schulbibliothek war im 4. Stockwerk, wo man nur mit dem Aufzug hinkam. Frau Schmidt sagte: „Kommt bitte alle mit, es passen immer nur fünf Kinder in den Aufzug! Also bitte nicht drängeln!"

Dann fuhren alle mit dem Aufzug nach oben in die Schulbibliothek. Frau Schmidt erklärte noch einmal für alle, dass man in einer Bibliothek leise sein musste.

Lulu fragte: „Warum muss man in einer Bibliothek leise sein?"

Frau Schmidt antwortete: „Weil andere Leute was lesen wollen!"

Alle gingen rein und Frau Schmidt rief: „Sucht euch bitte alle ein Buch aus, das ihr nachher lesen könnt!"

Alle suchten sich ein Buch aus. Nach einer halben Stunde hatte jeder ein Buch. Frau Schmidt fragte noch einmal: „Hat jetzt jeder ein Buch?"

„Ja", rief die Klasse.

Frau Schmidt sagte: „Stellt euch bitte in eine Reihe."

Alle stellten sich in einer Reihe vor dem Aufzug auf und fuhren in kleinen Gruppen in das erste Obergeschoss. Da Taja, Mara, Malte, Lennart und Lisa etwas gebummelt hatten, gingen sie als Letzte in den Aufzug. Alle anderen Kinder und auch Frau Schmidt waren bereits im Klassenraum und bekamen gar nicht mit, dass noch einige Kinder fehlten, da sie mit ihren Büchern beschäftigt waren.

Mara drückte die Eins und die Türen schlossen sich hinter den Kindern. Auf einmal stockte es und der Aufzug blieb stehen. Zuerst dachten Mara und Taja, dass sie schon unten angekommen wären, aber dann sahen sie, dass sie noch im vierten Stockwerk waren.

Lisa schrie: „Hilfe, wir sind stecken geblieben!"

Malte fragte: „Was sollen wir jetzt machen?"

„Die gelbe Klingel drücken", rief Lennart.

Taja drückte sofort die gelbe Klingel, auf einmal hörte man ein piepsendes Geräusch. Auf einmal sagte ein Mann: „Drückt noch mal die Eins!"

Malte drückte noch einmal die Eins. Es passierte nichts!

Der Mann erwiderte: „Setzt euch hin und wartet kurz, euch wird gleich jemand helfen."

„Okay!", rief Mara.

Alle setzten sich hin. Auf einmal hörte man ein Klopfen.

Lisa rief: „Hallo, Hilfe, hier sind wir!"

Aber niemand antwortete. Nach knapp einer halben Stunde war wieder so ein Klopfen zu hören. Lennart hatte noch einmal die gelbe Klingel gedrückt. Es kam wieder so ein piepsendes Geräusch, der Mann ging dran und sagte: „War noch niemand da?"

Lisa antwortete: „Nein, wir hören nur zwischendurch so ein Klopfen."

Der Mann erwiderte: „War dann noch niemand anderes da und hat Hallo oder so gerufen?"

Mara sagte: „Nein, bis jetzt noch nicht."

Der Mann antwortete: „Dann schicke ich jetzt noch mal jemanden zu euch, der kommt dann auf jeden Fall und holt euch da raus!"

Lisa rief: „Na, hoffentlich kommt diesmal wirklich jemand."

Lennart antwortete: „Der kommt diesmal bestimmt, mach dir nicht so viele Sorgen, Lisa." Alle langweilten sich.

Nach knapp einer halben Stunde war wieder so ein Klopfen und es war noch immer niemand gekommen. Malte rief: „Können wir nicht noch mal die gelbe Klingel drücken?"

„Nein, Malte, wir warten erst mal, bis jemand kommt", rief Lennart.

Nach knapp eineinhalb Stunden war immer noch niemand da. Mara drückte noch einmal die Klingel, dieses Mal kam nur eine Computerstimme, die sagte: „Keiner da! Keiner da! Keiner da!"

Taja fragt: „Wie keiner da?"

Lennart schrie: „NEIN, wir sind die Letzten im Gebäude, selbst der Hausmeister ist schon weg!"

Lisa rief: „Wie wir sind die Letzten? Wer holt uns denn hier raus? Wir haben noch nicht mal was zu essen."

„Genau!", rief Taja.

Mara sagte: „Wir haben morgen auch noch die ersten zwei Stunden Ausfall."

„Hoffentlich hilft uns einer, dass wir hier wieder rauskommen!", rief Lennart. Sie warteten noch eine Weile.

Auch die Eltern machten sich riesige Sorgen um ihre Kinder. Maras Mutter rief Tajas Mutter an und fragte, ob Mara bei ihnen sei. Tajas Mutter antwortete: „Nein, ich dachte, Taja wäre bei Mara, denn Taja ist auch nicht da."

Maras Mutter erwiderte: „Wie, Mara ist nicht bei dir, wo sind die beiden bloß?"

Tajas Mutter antwortete: „Gute Frage! In der Schule können sie ja nicht mehr sein. Vielleicht bei Malte oder bei Lisa."

Maras Mutter sagte: „Ich ruf mal bei Lisas Mutter an, du kannst ja mal bei Maltes Mutter anrufen."

„Mach ich", rief Tajas Mutter.

Maras Mutter rief Lisas Mutter an und fragte, ob Mara und Taja bei Lisa seien. Lisas Mutter antwortete: „Nein, Lisa ist auch noch nicht da, ich wollte gerade bei Lennarts Mutter anrufen und fragen, ob Lisa bei Lennart ist."

Maras Mutter sagte: „Oh, Mara und Taja sind auch noch nicht da, deswegen rufe ich auch an."

Lisas Mutter erwiderte: „Das ist ja komisch, wo sind die bloß? Ich rufe mal bei Lennarts Mutter an und frage, ob die Kinder dort sind."

„Okay, mach das", sagte Maras Mutter.

Tajas Mutter rief Maltes Mutter an und fragte, ob Mara, Lisa und Taja bei ihnen seien. Maltes Mutter antwortete: „Nein, die Kinder sind nicht bei uns. Ich wollte gerade Lennarts Mutter anrufen und fragen, ob Malte bei Lennart ist, denn Malte ist auch noch nicht zu Hause."

Tajas Mutter sagte: „Das ist ja komisch, denn Mara, Lisa und Taja sind auch noch nicht da. Du brauchst nicht bei Lennarts Mutter anrufen, denn Lisas Mutter ruft bei Lennarts Mutter an, ich rufe dich gleich zurück."

Lisas Mutter rief bei Lennarts Mutter an und fragte, ob Mara, Taja, Malte und Lisa bei Lennart seien. Lennarts Mutter antwortete: „Nein, die Kinder sind nicht hier und Lennart ist auch noch nicht da. Ich wollte gerade Maltes Mutter fragen, ob Lennart bei Malte ist."

Lisas Mutter sagte: „Malte, Taja, Mara und Lisa sind auch noch nicht zu Hause, niemand weiß, wo sie sind. Weißt du vielleicht, wo sie sind?"

Lennarts Mutter sagte: „Wie, die sind weg? Nein, ich weiß nicht, wo sie sind! In der Schule können sie ja auch eigentlich nicht mehr sein, die hat ja schon geschlossen."

Lisas Mutter antwortete: „Ich hole mal Maras Mutter, Tajas Mutter und Maltes Mutter mit dazu beziehungsweise in den Anruf mit rein."

„Okay!", antwortete Lennarts Mutter.

„Hallo", rief Maras Mutter.

„Hey", rief Maltes Mutter.

„Guten Abend", sagte Tajas Mutter.

„Was wollen wir denn jetzt machen?", fragte Maltes Mutter.

„Vielleicht die Polizei rufen?", sagte Maras Mutter.

„Das wäre eine gute Idee!", sagte Lisas Mutter.

„Ich würde sagen, wir rufen die Polizei!", erwiderte Maltes Mutter.

„Alle einverstanden?", fragte Tajas Mutter.

„Ja", riefen die Mütter.

„Ich rufe die Polizei", erwiderte Lennarts Mutter. Sie rief die Polizei und ging dafür in den Nebenraum. Sie kam wieder rein und sagte: „Die Polizei hat gesagt, sie fangen direkt morgen früh an zu suchen in der Schule."

„Super, hoffentlich finden sie die Kinder!", sagte Tajas Mutter. „Bis morgen früh."

Maras Mutter sagte: „Tschüss bis morgen", und legte auf, die anderen legten auch auf und alle gingen ins Bett.

Am nächsten Morgen ging die Polizei früh in die Schule und rief: „Hallo, ist hier jemand?"

Mara und Taja hörten das und riefen: „Hallo, wir sind hier im Aufzug."

Die Polizei rannte zum Aufzug. „Wer befindet sich in diesem Aufzug?", fragten die Polizisten.

„Hier sind Mara, Taja, Malte, Lennart, Lisa. Wir sind hier alle drin, bitte helfen Sie uns, wir haben auch riesigen Hunger."

„Macht euch keine Sorgen, wir holen euch da raus. Wie lange seid ihr da schon drin?", fragten die Polizisten.

„Seit gestern 11:30 Uhr ungefähr."

„So lange schon", sagten die Polizisten.

Nach knapp 25 Minuten wackelte der Aufzug. Mara rief: „Ja, der Aufzug fährt wieder, wir können raus!"

Der Aufzug fuhr runter und es öffneten sich endlich die Türen. Alle konnten raus und durften den Tag auch zu Hause bleiben. Die Mütter freuten sich riesig, dass ihre Kinder wieder da waren, und erzählten ihnen erst mal, dass sie sich riesige Sorgen gemacht hatten. Die Kinder erzählten alles, was da so passiert war.

Alle waren wieder glücklich und zufrieden – und das ist das Ende der Geschichte.

Mia Klein, 10 Jahre, aus Wolgast.

Ausflug nach Wien

Montag, der 18. Dezember. Wir machen einen Ausflug nach Wien. Unsere Klasse fährt zusammen mit den Klassen fünf, sechs, sieben und neun mit dem Zug nach Wien.

Von der Schule gehen wir zum Bahnhof. Vom Bahnhof fahren wir mit dem Zug nach Wien. Im Zug essen wir und hören den Lehrern zu.

Der Bahnhof in Wien ist groß! Hier gibt es viele Züge. Wir gehen zur U-Bahn. Wir kommen in die Stadt. Da machen wir eine Pause. Die Klassen sechs und sieben gehen ins Museum. Also wir, die Klasse acht, und die Klassen fünf und neun gehen in die Stadt. Dort sehen wir große, alte Häuser. Es sieht aus wie in einer Fantasygeschichte! Wir kaufen Kartoffeln mit Salz und gehen zusammen mit unserer Klasse ins historische Museum. Unsere Sachen (Rucksack, Jacken) haben wir im Schrank. Das Museum ist interessant. Ich sehe da ein Bild mit Napoleon. Das Bild gefällt mir.

Dann warten wir im letzten Zimmer auf die Lehrer. Jetzt gehen die Klassen sechs und sieben ins Museum und wir besuchen den Weihnachtsmarkt. Wir kaufen heiße Schokolade.

Nach dem Spaziergang müssen wir bereits zurückkehren. Wir fahren mit der U-Bahn. Dann gehen wir zum Bahnhof. Im Zug spreche ich mit meiner Freundin. Wir telefonieren mit unserer Familie und sehen Videos im Telefon.

Bereits in Bratislava sagen wir den Lehrern: „Auf Wiedersehen", und wir gehen nach Hause.

Veronika Maniukh: Ich heiße Veronika. Ich bin 13 Jahre alt und komme aus der Ukraine. Ich spiele Klavier und schreibe gern Geschichten. Ich schreibe eigene Geschichten auf Ukrainisch. Jetzt besuche ich die Grundschule in der Slowakei. Ich lerne Deutsch das zweite Jahr. Ich habe Deutsch zweimal pro Woche.

Die unlangweiligste Klassenfahrt der Welt

Hallo! Mein Name ist Lucie. Und ich erzähle euch über unsere letzte Klassenfahrt! Meine Freundinnen heißen Folea, Daria, Kiara und Amelie. Okay! Genug gequatscht! Jetzt geht es los! Am frühen Morgen standen alle schon um 6 Uhr an der Schule. Unsere Klassenlehrerin Frau Otto kam mit einem Lamborghini vorbei. Wir stiegen alle rein und fuhren los. Oh, Mann! Ich habe noch nicht unsere schrecklichen Jungs erwähnt: Damian, Joos, Gabriel, Abdulla, Nikita, Anil und Ronald.

Also, wir fuhren los und Damian erzählte die ganze Zeit so doofe Sache wie zum Beispiel: „Wisst ihr was, ich bin der Schlauste in der Klasse und bla-bla-bla-bla."

Ach, du meine Güte! Ich habe vergessen zu erwähnen, wo wir hinfuhren. Wo führen alle Wege hin? Natürlich nach Rom! Als wir in der Stadt aller Städte ankamen, buchte uns Frau Otto ein Fünfsternehotel. Wir fanden es alle sehr cool und Frau Otto war sehr entspannt. Am besten fand sie es, dass niemand sich prügelte oder stritt.

Genau in diesem Moment kämpften Abdulla und Anil, wer den Küchendienst machen sollte. Frau Otto kümmerte sich sofort darum: „Jungs, nicht streiten! Am besten ... geht das Klo putzen!"

Ha-ha-ha! Ich fand es toll! Endlich keine Nervensägen mehr! An diesem Tag konnten wir nichts mehr unternehmen. Es war schon Nacht und wir mussten schlafen. Das Aufregendste, was es gibt!

Am Morgen, als wir alle aufgestanden waren, gab es Frühstück. Auf dem Teller lag eine winzige Scheibe dunkles Brot mit etwas Grünes drauf. Iiiiiiiiiiiiii! Ich dachte, wir hätten ein Fünfsternehotel mit mega Essen gebucht.

Nach dem schaurigen Frühstück gingen wir ins Kolosseum. Das ist so ein Bauwerk, wo die Gladiatorenkämpfe früher stattfanden. Ihr fragt mich bestimmt, woher ich das weiß. Natürlich hat Frau Otto uns das erzählt.

Ich dachte, wir wären auf einer Klassenfahrt und nicht in einer römischen Schule. Bohhh, was für ein schreckliches Gefühl, wenn man von Lernen, Hausaufgaben oder Schule hört. Aber zum Glück stieg unsere Stimmung wieder hoch, als Frau Otto meinte, dass wir Pizza oder Pasta essen gehen würden. Ich verrate euch mal, wie unser Restaurant hieß: Grazia, Grazia.

Wir durften bestellen. Alle riefen: „Pasta!" Nur ich sagte: „Pizza!" Damian kam zu mir und sagte, dass Pizza fett mache und bla-bla-bla. Immer wenn Damian zu mir kommt, überlege ich, warum er zu mir gemein ist. Was habe ich ihm angetan? Jetzt erzähle ich euch wieder was Spannendes. Als wir satt waren, gingen wir zu Fontana di Trevi. Was für eine Schönheit! Nach einer Legende gehen die Wünsche in Erfüllung, wenn man Münzen über die rechte Schulter in diesen Brunnen wirft! Wenn man eine einzige Münze wirft, wird man nach Rom wiederkommen. Wirft man zwei Münzen, dann wird man sich verlieben. Wirft man drei Münzen, wird man heiraten. Ich warf fünf Münzen, um Damian vom bösen Geist zu befreien. Und so gingen die Tage, bis wir abreisen mussten.

An der Schule angekommen, standen dort schon unsere Eltern. Bei der Umarmung konnte man spüren, wie sehr sie uns vermisst hatten. Und in diesem Moment wurde es uns auch klar, wir sehr sie uns gefehlt hatten.

Leute, ich muss ehrlich gestehen! Ich habe etwas übertrieben. Wir hatten unsere Klassenfahrt in Schlederhausen. Es ist nur zehn Kilometer entfernt von unserem Wohnort Belm. Es gab dort Alpakas, Trampolin, Freibad, Feuershow ...

Wir waren nicht weit weg, aber wir hatten gemeinsam so viel Spaß! So muss man nicht unbedingt nach Rom reisen, um eine unvergessliche Klassenfahrt zu haben!

Lucie Hollmann, 9 Jahre alt.

Die komische Zugfahrt

Luna, eine Schülerin der Klasse 3a, wartet auf den Zug, mit dem sie heute zur Schule fährt. Der Zug kommt und Luna steigt ein.

„Treffer!", denkt sie sich, als Frau Kurz hereinkommt und sagt: „Guten Morgen, Kinder! Wer fehlt denn heute?"

Das ist die Frage.

„Emilia!", ruft Lana, Lunas Mitschülerin, die auch im Zug sitzt.

„Emilia? Emilia Lang …", sagt Frau Kurz und schreibt etwas auf.

„Okay, ihr zwei, starten wir mit dem Unterricht. Als Erstes Musik."

Musik? Welche Musik?

„Das Wellerman-Lied der letzten Stunde", sagt Frau Kurz und fängt an zu singen:

There once was a ship that put to sea
The name of the ship was the Billy of Tea
The winds blew up, her bow dipped down
Oh blow, my bully boys, blow (huh)…!

Während Lana fröhlich mit Frau Kurz in den Refrain einstimmt: „… soon may the Wellerman come, to bring us sugar and tea and rum …", schaut Luna sich um und sagt: „Aber wir fahren doch mit dem Zug. Ja, Zug Nummer 1233 nach Hamburg … Hamburg?"

„Warum auf einmal Hamburg?", wundert sie sich.

„Das liegt an der Baustelle und dem Streik", erklärt die Frau neben ihr. „Die einen bauen und die anderen streiken. Deswegen fahren wir durch bis Hamburg."

„Zug 1233, ja, Luna, gute Idee, machen wir Mathe!", sagt Frau Kurz, als sie mit dem Singen aufhört.

„Frau Kurz, Hilfe! Da sind zwei LÖWEN!", ruft Lana erschrocken.

„Gut! Zwei Löwen! Zwei Pferde! 20 Elefanten!", zählt die Lehrerin.

„33 Tiger", sagt Luna.

„Das ist falsch, Luna, richtig ist 22 Tiger!", korrigiert die Lehrerin.

„Nein, es sind 33 Tiger draußen", antwortet Luna.

„Nein, Luna, nach 20 Elefanten kommt logischerweise 22 Tiger", sagt Frau Kurz.

„33 Tiger", sagt nun auch Lana.

„Nein! 22 Tiger ist richtig! Obwohl … 55 Tiger eigentlich richtig wäre", fügt die Lehrerin nach einer kurzen Pause hinzu.

Ja, na klar …

„Dann sind wir wohl im falschen Zug", stellt Frau Kurz fest.

„Richtig wäre Jugendherberge als nächste Haltestelle … Ist sie auch? Dann volle Fahrt voraus, Herr Lokführer!"

„Oh nein! Meine Handtasche ist weg!", ruft Lana.

„Hier ist sie doch!"

„Danke, Luna!"

„Bitte, Lana!"

„… Bitte Luna! … Luna! … Bitte steh jetzt auf! Du musst zur Schule!"

Ava Ulrich ist sechs Jahre alt und ist mit vier Jahren in die 1. Klasse gekommen. Zurzeit ist sie in der 3. Klasse. Hobby: selber Lesen und Bücher sammeln, Wing Tsun, Malen, Singen, Schreiben, Spielen, Rumalbern.

Freundlichkeit lohnt sich immer

Die 5a des Max-Planck-Gymnasiums hatte Wandertag. Die Schüler freuten sich, weil sie nicht in der Schule rumsitzen mussten. Besonders erfreut war die Dino-Bande, eine Gruppe von vier Jungen, deren Anführer Mark hieß.

Leo, mit dem Mark am meisten stritt, verzog genervt das Gesicht, als er diese Freude sah. „Ihr tut ja so, als würden heute die Sommerferien beginnen", sagte er.

Mark entgegnete gereizt: „Kann ja nicht jeder die Emotionen einer Tiefkühltruhe haben."

Leo drehte sich weg und murmelte: „Man muss ja nicht direkt so übertreiben wie ihr." Überhaupt hielt er die Dino-Bande für Angeber und Wichtigtuer. Das war eigentlich sehr schade, da er sie zu Anfang sehr nett fand und gerne mit ihnen befreundet gewesen wäre. Doch dann stellte er fest, dass sie ständig im Mittelpunkt stehen mussten, und das war gar nichts für den eher schüchternen Leo.

„Gut! Alle sind da, dann kann es ja losgehen", sagte Frau Müllerschmidt. „Bleibt alle schön hinter mir und in Zweierreihen!", fügte sie hinzu und ging los.

Aus den ersten Reihen hörte man Spöttisches: „Einsteigen, die Türen schließen, der Zug zum Wandertag fährt jetzt ab!"

„Na toll, willkommen im Kindergarten!", raunte Mark einem Jungen zu und verdrehte die Augen.

Zuerst ging es im Gänsemarsch durch die Stadt und dann in eine enge Straße, die zu einer großen Blumenwiese führte. „Oh wie schön! Wie es duftet! Wie toll!", schallte es aus den Mädchenreihen.

„Geht das auch etwas leiser bitte? Ich war gerade vor Langeweile fast eingeschlafen!", rief Mario, der neben Mark lief, den Mädchen zu.

Frau Müllerschmidt führte die Klasse auf eine Brücke, über die sie die Donau überquerten. Die Kinder staunten nicht schlecht. Nun ging es zum Wald, wo die Kinder Halt machen und ihr mitgebrachtes Essen verzehren würden. Dann hätten sie noch Zeit, um auf dem Waldspielplatz zu spielen, bevor es zurück zur Schule ging. Das war zumindest der Plan, doch dann kam alles anders.

Im Wald angekommen, hörten die Kinder laute, entsetzte Rufe. Als die Klassenkolonne weiterging, sahen sie einen geparkten Polizeiwagen. Je näher sie kamen, umso mehr konnten sie von einem Gespräch verstehen:

„... und nun noch mal langsam und ruhig! Was ist passiert?", fragte der Polizist, den die Kinder jetzt sehen konnten, nachdem sie auf der Lichtung angekommen waren.

„Meine Tochter Mia! Sie ist verschwunden!", sagte ein älterer Mann. Als die Kinder genauer hinsahen, erkannten sie den Eisverkäufer Herrn Garagenmantel, dessen Eiswagen häufig in der Nähe der Schule stand. Manchmal, wenn er gerade nichts zu tun hatte, gab er den Kindern auch mal eine Eiskugel aus. Schokolade schmeckte der Klasse am besten.

„Können Sie mir beschreiben, wie Ihre Tochter aussieht?", fragte der Polizist und zückte einen Block und einen Stift.

„Also, Mia ist 16 Jahre alt ...", holte der Eisverkäufer aus.

Anja, die Klassensprecherin der 5a, war nicht gerade für ihre Geduld bekannt. Auch diesmal drehte sie sich zu der Klasse um und sagte entschieden: „Das wird noch ewig dauern. Bis die fertig sind, haben wir Mia längst gefunden!" Da Mia oft im Eiswagen aushalf, wussten die Kinder, wie sie aussah.

„Aber ...", begann Frau Müllerschmidt, weiter kam sie jedoch nicht.

„Kein *Aber*, Frau Müllerschmidt!", wurde sie von Anja unterbrochen. „Wir MÜSSEN helfen, es geht um Mia! Verstehen Sie?!"

Dabei war kurz unklar, wer denn eigentlich die Lehrerin und wer die Schülerin war. Und noch bevor die Lehrerin etwas erwidern konnte, teilte Anja die Kinder in Fünfer-Teams ein.

„Wir treffen uns in 15 Minuten wieder hier. Geht nur so weit weg, wie ihr euch den Rückweg merken könnt."

Die Kinder schwärmten aus und ließen eine völlig sprachlose Lehrerin zurück. Es gab keine Spur von den üblichen Zickereien und Sticheleien. Die Kinder waren nach Anjas Ansprache zu einem Team geworden.

Nach einer Viertelstunde kehrten alle Teams bis auf eines erfolglos zurück. Anja blickte sich um und fragte: „Wer fehlt noch?"

Die Kinder redeten durcheinander und jemand rief: „Die Dino-Bande und Leo fehlen!"

Anja seufzte: „Jetzt müssen wir einen Suchtrupp losschicken, um den Suchtrupp zu finden! Na super!"

Frau Müllerschmidt wurde blass wie das neue Whiteboard in der Klasse und setze sich ruckartig auf einen Baumstumpf hinter sich. Vielleicht landete sie auch nur zufällig darauf, als ihre Knie nachgaben. So genau wusste das keiner, nicht einmal sie. Das sah jedenfalls irre komisch aus und die Kinder mussten ein Kichern unterdrücken. Frau Müllerschmidt zog mit zitternden Fingern ihr Handy aus der Jackentasche und schien zu überlegen, wen sie zuerst anrufen sollte. Die Polizei? Die Feuerwehr? Die Eltern? Die Schulleitung? Es sah so aus, als wolle sie zuerst die Polizei anrufen, als ihr Blick auf die Lichtung glitt zu dem Polizisten, der noch immer mit der Personenbeschreibung beschäftigt war.

„G-A-R-A-G-E-N-M-A-N-T-E-L", buchstabierte gerade der Eisverkäufer.

Aus der Ferne hörte man Rufe: „Wir haben sie gefunden. Leo hat Mia gefunden! Sie braucht einen Krankenwagen!"

Die Dino-Bande kam auf die Lichtung gelaufen und wiederholte die Sätze wie Zaubersprüche. Der Polizist und Herr Garagenmantel

beendeten den Buchstabierwettbewerb und kamen auf die Kinder zugelaufen.

„Was ist passiert?", wollte der Polizist wissen.

Mark holte tief Luft: „Wir haben uns mit Leo gestritten und er ist dann alleine los. Dann haben wir ihn schreien hören. Er hat Mias kaputtes I-Phone an einer Böschung gefunden. Wir sind da hingelaufen und haben sie gesehen, wie sie im Gebüsch festhängt. Wahrscheinlich ist sie verletzt!"

Dann wusste Frau Müllerschmidt endlich, wen sie anrufen sollte: den Krankenwagen. Als der nach kurzer Zeit eintraf, wurde Mia befreit und ihr Bein versorgt.

Herr Garagenmantel stammelte: „Ich danke euch! Ihr bekommt lebenslang gratis Eis!"

Die Kinder freuten sich riesig und jubelten. Freundlichkeit zahlt sich immer aus.

*Mein Name ist **Moosa Muhammad Khan**. Ich bin 10 Jahre alt. Ich lerne an der Otto-Hahn-Realschule Plus (Orientierungsstufe) in Bitburg in der Klasse 5i. Ich lese, schwimme, baue gerne Lego und spiele Videospiele.*

Alis und
die Kinder der Bücher

Alis konnte ihr Glück kaum fassen, als der Wecker klingelte. Sie war anders als viele Kinder in ihrem Alter: Alis sprang morgens voller Vorfreude aus dem Bett. Die Schule war für sie kein Ort der Langeweile oder des Zwanges, sondern ein magisches Königreich, das jeden Tag neue Abenteuer versprach. Ihre größte Freude jedoch waren nicht die Stunden im Klassenzimmer, sondern die Pausen, in denen sie mit leuchtenden Augen in die Schulbibliothek rannte.

Alis ging in die fünfte Klasse. Sie war ein Mädchen, das sehr schüchtern war. Sie hatte Angst vor vielen Dingen, aber sie war auch sehr neugierig und liebte es, in der Schule neue Dinge zu lernen. Alis hatte schöne, große, grüne Augen, ihre Haare waren braun und die Locken hingen ihr oft im Gesicht. Aufgrund von Alis Schüchternheit war es manchmal schwer für sie, neue Freunde zu finden. Aber sie fühlte sich wohl, wenn sie in der Schulbibliothek in die Welt der Bücher versinken konnte. Dort, zwischen all den Abenteuern, Märchen und Gedichten, vergaß sie ihre Angst und konnte sie selbst sein. Alis war ein Mädchen, das langsam lernte, mutiger zu sein und sich selbst zu finden.

Die Schule, in die Alis ging, hieß Bildungsblick, es war ein strahlend weißes Gebäude mit leuchtend blauen Türen, es stand in einem dichten, grünen Tannenwald. Auf dem Schulhof gab es einen bunten Spielplatz, der bei den Kindern aus der ersten und zweiten Klasse besonders beliebt war, da die roten und grünen Schaukeln sich überschlugen und die Kletterwand riesig für sie war und man von ganz oben auf dicke Matten fallen konnte. Ganz in der Nähe der Schule befand sich eine kleine Bäckerei, wo die Lehrer oft ihren Kaffee tranken und pinke Kekse dazu aßen. Die Schule war für die meisten ein lebendiger Ort voller Lernen, Lachen und Gemeinschaft, ein zweites Zuhause, doch für Alis war nur die Bibliothek wichtig.

In der ruhigen Schulbibliothek, voll mit Bücherregalen, die bis zur Decke reichten und Geschichten aus allen Ecken der Welt beherbergten, fühlte sich Alis wie zu Hause. Marisa, die Bibliothekarin, eine weise und nette Seele, begrüßte sie stets mit einem warmen Lächeln. Sie verbrachten viele Pausen damit, über die Schule, die Lehrer und die Ferien zu plaudern, doch am meisten zog es Alis zu den Biologiebüchern. Die Wunder der Natur faszinierten sie und sie liebte es, ihre Entdeckungen der Biologielehrerin zu erzählen.

Eines Tages, während sie durch die Regale streifte, bemerkte Alis, dass sie nicht die Einzige war, die ihre Pausen in der Bibliothek verbrachte. Viele andere Kinder suchten hier Zuflucht, jedes aus seinem eigenen Grund. Einige hatten Schwierigkeiten, Freunde zu finden, andere fühlten sich einfach zu den Büchern hingezogen. Unter ihnen war ein kleines Mädchen aus der ersten Klasse, das immer in einer Ecke saß und ein Buch las, das es bereits zum dritten Mal in der Hand hielt. Ihr Name war Luna.

Luna mit ihrem hellblonden Haar, das sie immer zu zwei Zöpfen gebunden trug, geschmückt mit rosa Schleifen, fiel sofort auf. Ihre tiefblauen Augen schienen hinter ihrer orangefarbenen Brille und sie kleidet sich gern in ein kurzes, hellgelbes Kleid, das ihre fröhliche und zurückhaltende Natur unterstrich.

Alis, getrieben von einer plötzlichen Eingebung, beschloss, Luna anzusprechen. Sie stellte fest, dass sie viele Gemeinsamkeiten hatten, und innerhalb einer Woche waren sie unzertrennlich – fast wie Schwestern. Zusammen fassten Alis und Luna den Entschluss, weitere Bücherkinder als Freunde zu finden. Was als einfache Geste der Freundlichkeit begann, wuchs schnell zu etwas Größerem. Sie gründeten die *Kinder der Bücher*, eine Gruppe, die sich gegenseitig beim Lernen und bei den Hausaufgaben unterstützte. Mit der Zeit schlossen sich ihnen immer mehr Kinder an, bis sie eine vielfältige Gemeinschaft von 24 Mitgliedern aus verschiedenen Klassenstufen bildeten. Die *Kinder der Bücher* wurden zu einem festen Bestandteil des Schulalltags. Sie halfen nicht nur einander, sondern boten auch Unterstützung für Kinder außerhalb ihrer Gruppe an. Ihre Initiative brachte eine Welle der Veränderung in die Schule. Kinder, die einst in den Pausen alleine waren, fanden Freunde und einen Platz, an dem sie sich akzeptiert fühlten.

Alis und Luna, die Gründerinnen der Gruppe, wurden ein Beispiel dafür, wie ein einfacher Akt der Freundlichkeit eine ganze Gemeinschaft verändern konnte. Ihre Liebe zu Büchern und zum Lernen inspirierte viele und die *Kindern der Bücher* zeigten, dass jeder, egal wie klein oder unscheinbar er war, die Macht hat, eine positive Veränderung zu bewirken. Die Schulbibliothek, die dank Marisa und der Initiative dieser Kinder eine Oase der Freundschaft und des Lernens geworden war, stand nun als Symbol dafür, wie Wissen und Mitgefühl eine Gemeinschaft zusammenbringen konnte.

Als das Schuljahr dem Ende zuging, blickten Alis, Luna und ihre Freunde auf die vielen Stunden zurück, die sie gemeinsam in der Bibliothek verbracht hatten. Sie hatten nicht nur viel gelernt und Freundschaften geschlossen, sondern auch anderen geholfen, ihren Platz in der Schule zu finden. Die *Kinder der Bücher* waren zu ihrer zweiten Familie geworden.

An einem sonnigen Freitag, kurz vor den Sommerferien, beschlossen die *Kinder der Bücher*, ein besonderes Projekt zu starten: eine geheime Gartenbibliothek. Hinter der Schulbibliothek gab es einen kleinen, verwilderten Garten, der seit Jahren vergessen war. Unter Alis und Lunas Führung machten sie sich an die Arbeit, den Garten zu säubern. Sie pflanzten Blumen und Gemüse, setzten bunte Schmetterlingsbüsche und errichteten kleine, wetterfeste Bücherregale zwischen den Bäumen.

Aber das Beste war, als sie einen Bücherpavillon bauten aus alten Fenstern und Türen, die sie von den Anwohnern gesammelt hatten. Jedes Fenster erzählte eine eigene Geschichte, einige bunt bemalt, andere mit Zitaten aus ihren Lieblingsbüchern verziert. Der Pavillon wurde der Mittelpunkt des Gartens, ein kreativer Ort, wo Realität und Fantasie sich trafen.

Die Eröffnung der Gartenbibliothek war ein Ereignis, das die ganze Schule in Staunen versetzte. Lehrer und Schüler kamen vorbei, um den Garten zu bewundern, und sogar der strengste Lehrer der Schule, Herr Krabappel, der nie lächelte, wurde mit einem Buch in der Hand gesehen, wie er leise kicherte, während er in einem der gemütlichen Gartenstühle saß.

Am Tag der Eröffnung bereiteten die *Kinder der Bücher* eine kleine Überraschung vor. Sie hatten heimlich eine lustige Fotowand gestaltet, auf der jeder als seine Lieblingsbuchfigur posieren konnte. Marisa und die Biologielehrerin ließen sich nicht zweimal bitten und schlüpften in ihre Kostüme. Fotos von Marisa als Sherlock Holmes und der Biologielehrerin als Harry Potter machten schnell die Runde und sorgten für viel Gelächter.

Dieser Tag blieb in der Erinnerung aller als der Moment, in dem die Schulgemeinschaft nicht nur durch Bücher, sondern auch durch das gemeinsame Lachen und die Kreativität vereint wurde. Als die Ferien begannen, war der Garten fast perfekt und alle konnten kaum erwarten, im nächsten Schuljahr weitere Geschichten dort zu schreiben. Alis und Luna, die mittlerweile als Heldinnen der Schulbibliothek galten, lächelten einander zu, wissend, dass dies erst der Anfang ihrer Abenteuer war.

Elizaveta Miasnikova: Ich bin Elizavete, ich bin 12 Jahre alt und lebe in Spanien in Valencia. Ich liebe es, zu malen und schreiben. Ich liebe es, wahre Geschichten und Fantasiewelten zu erschaffen und zu schreiben und sie mit anderen zu teilen. Ich träume davon, als Künstlerin oder Autorin erfolgreich zu sein. Ich hoffe, meine Geschichte hat dich inspiriert, deine eigenen Träume zu verfolgen und deine Leidenschaften zu leben.

Schulgeschichten 2.0 aus Norderstedt

Schülerinnen und Schüler der Klasse 4C der

Offenen Ganztagsgrundschule Harksheide-Nord

Geheime Schule der Wunder

In dieser Geschichte geht es um zwei Helden, die die Welt immer vor Unheil bewahren. Wieder und wieder wird die Welt bedroht. Wer weiß, ob sie es wieder schaffen ... Ich bin Finn, ein Junge, der die Helden bewundert. Die Helden heißen Tim und Tom. Ich bin Einzelkind und mein Freund Leo auch. Trotzdem machen wir uns Sorgen um unsere Eltern. Denn heute wurde ich abgeholt mit Leo und zur Schule der Fußballer eingeladen. Doch als wir fuhren, veränderte sich die Schrift auf der Einladung: *Die geheime Schule der Wunder*. Wir wunderten uns, dass wir kein Fußball spielen konnten. Trotzdem waren wir neugierig, was passieren würde.

Als wir an der Schule des Coppernicus Gymnasiums vorbeifuhren, sahen wir Eier, die bunt waren – sie lagen auf dem Boden. Wir hoben sie auf. Meine Lieblingsfarbe ist Rot und die von Leo ist Blau. Dann wechselten die Eier die Farben. Mein Ei wurde blau und Leos wurde rot. „Was ist hier los?", sagte ich.

Dann kamen Risse ins Ei.

Ein Mann lachte. „Ihr seid die Auserwählten! Ihr ersetzt Tim und Tom. Ihr habt einen Tag Zeit, um alles zu erlernen, um neue Helden zu werden!"

„WAS?", rief Leo fassungslos.

Inzwischen schlüpften Drachen aus den Eiern. Leo und ich bekamen Unterricht in folgenden Fächern: Wölfe, Welpen-Huskys, Drachen und Drachenschwerter. Wir bekamen eine Rüstung.

Am nächsten Tag war die Schule weg.

„Was ist das?", rief ich.

Die Helden Tim und Tom sind gestorben, stand in der Zeitung.

„Äh, was ist denn hier los?", rief Leo.

Doch das war nicht alles.

Gerade tauchte ein Portal vor Leo auf und es kam das Ultraböse durch. Wir hatten jedoch gut aufgepasst, was den Unterricht betraf. Übrigens bekamen wir auch einen Ultra-Pfeil und einen Kettenbumerang. „So, jetzt gibt es was auf die Mütze!", sagte Leo und schwang sein Schwert lustig herum.

Ich rief meinen Drachen und dann ging die Party erst richtig los.

Das Ultraböse schickte einen Laser aus seinen Augen los, dem Leo auswich, der dann sein Ultra-Schwert nutzte, um ihm einen Schlag zu versetzen. Er traf das Ultraböse genau in der Mitte, er taumelte.

Mein Drache schickte einen Feuerschwall los. Es sah so aus, als würden wir gewinnen, aber das war leider falsch gedacht. Das Ultraböse öffnete ein Portal, wo es uns durchwarf. Es zog die Menschen dann auf die böse Seite und zog ihnen Rüstungen an, die Leo und mich töten sollten.

Ich wachte auf: „Wo ist Leo?"

Der wachte so langsam neben mir auf. Leo fragte: „Wo sind wir?"

„Keine Ahnung!", sagte ich. „Ich sehe Leuchtpunkte."

Leo drehte sich um. „Was ist das?"

Der Drache von mir schimmerte in der Sonne und Leos Drache auch. Der Wolf von mir jaulte laut, er fletschte sein Maul und man sah seine Zähne. Ein Mann, der aussah wie ein Huhn, stand vor uns und wollte angreifen. Er hatte kein Glück und wurde von den Welpen-Huskys getötet.

Wir erschufen eine Welt, in der wir fliegen und schwimmen konnten, und bauten Häuser für die Menschen, die fliegen konnten. Die Menschen durften in die Dörfer, aber sie wurden vorher durchgecheckt. Alle waren lieb.

Leo öffnete die Tür von unserem Haus. „Ich habe uns eine Sicherung eingebaut." Unser Haus war voller Diamanten, Gold und Silber. Es gab Drachenräume, Wolfsräume und Welpenräume.

Inzwischen hatten wir einen Kampfraum gefunden. Dort kämpfen viele als Hologramme, die wir töten konnten. Ich packe einen, der blau war, und tötete ihn. Leo schlug mit seinem Drachenschwert, das mit seinem Drachen verbunden war, gleich hinterher. Dann öffneten wir ein Portal und gingen hindurch. Leo sagte: „Hier ist es aber echt hässlich!"

Ich sagte: „Ja, aber echt!"

„Ich habe meinen Kettenbumerang vergessen", sagte Leo. Er öffnete erneut ein Portal und ging hindurch.

Als er wieder in unserer Welt war, sah er, dass ein böser Krieger alles kaputtmachte. Er war gerade vor unserem Haus und holte mit seiner Axt aus, doch bevor er zuschlagen konnte, schoss Leo einen Ultra-Pfeil ab und traf den bösen Krieger direkt in den Rücken! Der böse Krieger lag am Boden. Leo lief schnell ins Haus und holte sein Kettenbumerang. Der Krieger wollte sich gerade aufrappeln, da schlug Leo mit dem Schwert auf ihn ein. Doch der Krieger wehrte jeden Schlag mit der Axt ab. Leo erkannte sein System und schlug dann von der Seite mit seinem Drachenschwert auf ihn ein. Volltreffer! Dann schoss er ein paar Pfeile mit seinem Ultra-Pfeil.

In der Zeit öffnete Leo ein Portal und holte mich. Zusammen verjagten wir ihn. Danach bauten wir alles wieder auf und schauten, ob alle unverletzt waren. Dann errichteten wir ein Schild um die Welt. Jetzt ließen wir unsere Wölfe für den Notfall da.

Wir gingen wieder in die Welt mit dem Ultrabösen und besiegten viele Gegner. Jetzt waren wir bei den Leibwächtern des Ultrabösen. Es war ein spektakulärer Kampf! Es flogen Pfeile, es wurde mit Schwertern aufeinander eingeschlagen und auf einmal leuchteten unsere Schwerter und sie vereinten sich. Wir liefen zusammen los und besiegten die Leibwächter nach einem sehr langen Kampf.

Dann war nur noch das Ultraböse übrig. Es griff uns sofort an. Wir hatten Mühe, ihm auszuweichen. Als das Ultraböse eine kurze Pause machte, griffen wir an. Siehe da, jetzt musste das Ultraböse ausweichen. Als dann wieder das Ultraböse einen Angriff startete, öffneten wir ein kleines Portal vor uns. Dann schoss das Ultraböse. Der Schuss traf genau das Portal, aber wir taten so, als seien wir getroffen. Das Ultraböse freute sich. Dann öffnete sich hinter dem Ultrabösen ein Portal, sein Schuss, den er zuvor in das Portal geschossen hatte, schoss heraus und traf ihn frontal und wir vereinten uns und griffen an. Das Ultraböse flog weit weg. Es war besiegt!

Wir freuten uns. Wir öffneten ein Portal und gingen wieder in unsere Welt. Als wir ankamen, sahen wir ein großes, lilanes Portal. Ich frage Leo: „Wat is dat?"

Leo antwortete: „Keine Ahnung!"

„Wollen wir da durchgehen?", fragte ich.

„JA!", sagte Leo.

„Los!", sagten wir gleichzeitig und gingen hindurch. Wir waren in einer Welt gelandet, die so dunkel war, dass wir unsere Feuerphönixe riefen. Sie kamen sofort. Sie erhellten das Dunkel. Jetzt sah man, wie es hier aussah. Auf dem Boden lag ein toter Krieger.

Leo sagte: „Guck mal, da ist ein toter Krieger!"

Ich antwortete: „Nicht nur einer!" Überall lagen Skelette von Kriegern.

Leo rief: „ACHTUNG!" Ich sprang zur Seite, ein Skelett nach dem anderen stand auf. Leo schlug ein Skelett kaputt, aber das rappelte sich gleich wieder auf. Leo rief: „Pass auf, wenn du sie zerstörst, rappeln sie sich wieder auf. Ich glaube, wir müssen ihnen ausweichen oder sie durch die Portale wegschicken." Dann stürmten schon die nächsten Skelette auf uns zu. Leo öffnete ein Portal, durch das die Skelette fielen.

Da sah ich eine Burg, die aussah wie ein Totenkopf. Wir gingen durch das Portal, das zur Burg führte. Wir standen vor der Burg und gingen rein. Die Burg hatte einen langen Flur. Ich sagte: „Sieht ja ganz ruhig aus."

Leo antwortete: „Lass dich nicht täuschen."

Da hatte Leo natürlich recht. Denn in diesem Moment öffneten sich Löcher an den Seiten und Totenköpfe schossen raus. Nach jedem Schuss war eine kurze Pause. Ich sagte: „Ich sehe keinen Ausgang."

Leo antwortete: „Vielleicht müssen wir während der Pausen durch die Schächte."

„Okay", sagte ich.

„Auf drei!", riefen Leo und ich gleichzeitig. „Drei, zwei, eins und LOS!" Wir schafften es. Am anderen Ende war eine große Halle, in der ein großes Skelett stand. Leo griff von hinten mit seinem Megaschwert an, doch es war so, als würde ihn eine unsichtbare Macht aufhalten.

Das Skelett lachte: „Durch mein Schild kommst du nie durch."

Ich sagte: „Da bin ich aber anderer Meinung!" Wir öffneten ein Portal und liefen hindurch, somit kamen wir durch das Schild und griffen ihn mit aller Macht an. Der Einsatz lohnte sich – wir hatten ihn besiegt! Dann öffnete sich ein helles Portal und Leo sagte: „Was ist das?" ...

Finn Winkler und Leo Sturm

Der Tag, an dem wir dachten, die Schule brennt

Es war ein eiskalter Wintertag. Anina und ihre Freundin Melina waren im Garten. Anina übte Horse Sprünge. Melina schaute dabei zu.

Plötzlich fuhr eine Feuerwehr an Aninas Haus vorbei. Die Feuerwehr fuhr in Richtung Schule. Anina und Melina gingen auf die OGGS Harksheide Nord. Beide gingen in die vierte Klasse.

Anina drehte sich zu Melina um und sagte „Melina, was ist das höchste Gebäude in der Nähe?"

„Warum das höchste?", fragte Melina.

„Weil die mit einem Drehleiter-Löschfahrzeug hingefahren sind", antwortete Anina.

Die beiden schauten dahin, wo sie ungefähr die Schule vermuteten. Aber es waren keine Rauchwolken zu sehen. Trotzdem – es war halt ihre Schule. Sie würden ja auch bald die Schule verlassen.

Anina und Melina machten sich auf den Weg zur Schule. Als sie dort ankamen, sahen sie keine Feuerwehr.

Verdutzt sagte Melina: „Wahrscheinlich war es nur ein Fehlalarm. Zum Glück."

Am nächsten Tag gingen die beiden normal zur Schule und sie hatten viel zu erzählen, auch ihrer Lehrerin.

Melina Derr

Der magische Regenbogenwald

Es sind drei Freundinnen. Wir sind auch an derselben Schule und auch in derselben Klasse, die Schule heißt Harksheide Nord. Am besten fange ich von vorne an, wir heißen Aline, Avni und natürlich ich, Maria, wir sind in der 4C. Wir haben leider noch Unterricht, aber wir wollen uns nach der Schule verabreden und im Wald spielen und morgen werde ich zehn.

Mein Geburtstag. Guten Morgen, ich bin zehn geworden heute. Wir wollen wieder in den Wald, aber erst mal frühstücken und dann für die Schule fertig machen.

In der Schule angekommen, haben wir Deutsch mit Frau Male.

Schule ist vorbei, wollte nicht alles erzählen, wir sind im Wald und er ist irgendwie magisch. Es ist wie im Sommer und Raubtiere sind Freunde mit Säugetieren, obwohl es ist doch eigentlich Winter. Richtig schöne Blumen, Schmetterlinge fliegen über uns, richtig schön.

Na ja, wir waren da sehr lange, wir sind geklettert und plötzlich war da eine Treppe. Wir sind hoch und da war eine Rutsche. Wir sind gerutscht und plötzlich waren Alina, Avni und ich im Badeanzug und sind in einen Pool gerutscht.

Mama hat sich gefragt, warum ich nass war, leider war ich heute krank. Na ja, Hausaufgaben gibt es trotzdem.

Das wars! Tschüss

Maria Grawe

Die neue Klasse

Kapitel 1: Die neue Klasse

Es handelt sich um Lily, sie muss die zweite Klasse wiederholen, weil sie sich immer hat ablenken lassen. Aber Lily fand es gut, weil sie in der alten Klasse, also der 2B, keine einzige Freundin hatte. Lila Fee musste auch wiederholen, wieso weiß ich nicht, aber zurück zu mir. Lily und Lila Fee sind in der 2C. Und weil sie in der gleichen Klasse sind, sind sie beste Freunde geworden. Aber sie streiten sich manchmal auch.

Kapitel 2: Die neue Freundin Emilia

Als ich und Lila Fee ein halbes Jahr Streit hatten, hat Lila Fee sich eine neue Freundin gesucht und mit Emily gespielt und Lila war ganz alleine und das fand sie doof. Aber dann haben sie sich wieder vertragen und waren und sind beste Freunde.

Emily und Lily wurden auch Freunde und haben zusammen mit Lila Fee gespielt, manchmal oder auch immer hatten Lily und Emily Streit, aber Lily und Emily haben sich auch wieder vertragen am gleichen Tag.

Kapitel 3: Die dritte Klasse

Als die drei Freunde in die dritte Klasse kommen, sind Lily und ihre Freunde aufgeregt, also jedenfalls Lily, bei den anderen weiß ich es nicht. Mir war aber nicht klar, dass Maria in die Klasse kommt. Maria war und ist immer noch nett, mir ist nicht klar, warum Maria so einen großen Stift in der Hand hat.

Maria ist auch Teil unserer Freundinnen. Wir haben eine nette Lehrerin, also so nett ist sie: Sie hat mit uns einen Ausflug zu der

Feuerwehr gemacht, das hat sehr viel Spaß gemacht. Wir sind morgens losgegangen, mir haben schon den ganzen Weg die Füße wehgetan, ich glaube nicht, dass wir mit dem Bus gefahren sind, aber es hat sich gelohnt, für den ganzen Weg zu gehen oder zu fahren.

Kapitel 4: Mein Geburtstag

Es ist mein Geburtstag, wir haben nachgefeiert. Zuerst war es cool, aber mit der Zeit war es nicht cool. Es gibt einen Grund. So habe ich drei Kinder eingeladen, meine Familie ist auch mitgekommen, aber nicht die ganze Familie. Wir haben uns verlaufen, wir haben uns nicht gefunden, aber nach einiger Zeit haben wir uns gefunden. Wir waren sehr froh, endlich konnten wir zusammen spielen.

Nach einiger Zeit, also nach zwei Stunden, sind wir gegangen, es hat viel Spaß gemacht, wir sind gerutscht und gesprungen.

Avni Mehra *und* **Alina Faltschewski**

Ende

Die erste
magische Klassenfahrt der 3A

In der 3A ist heute viel los. Alle freuen sich. Vor drei Monaten hat die Klassenlehrerin Frau Kurz die Klassenfahrt angekündigt und seitdem redete die 3A nur darüber. Lina hoffte, dass die Klasse nach Paris fährt. Paul wollte andererseits auf den größten Berg Deutschlands steigen. Sophie dachte, dass sie zum Meer fahren.

Jetzt geht es endlich los! Frau Kurz hat gesagt, dass die Klassenfahrt etwas Besonderes wird. Aber was? Das weiß niemand in der Klasse. Es ist der 23. Mai und alle steigen in den Bus ein. Sie fahren an Feldern, Städten und Wäldern vorbei.

Nach einer Weile fragt Lina die Lehrerin: „Wo fahren wir denn hin?"

Die Lehrerin antwortet: „Wir fahren nach Österreich in die Berge." Lina und alle anderen sind schon aufgeregt. Es ist ihre erste Klassenfahrt! Wirklich die allerallererste!

Sie kommen endlich am Ziel an. Zuerst sehen sie einen Wasserfall. Der ist wunderschön. Ein Regenbogen erscheint am Himmel. Alles sieht verzaubert aus. Langsam wird es spät.

Frau Kurz ruft: „Alle Kinder, kommt rein! Das wird euer Zuhause für die nächsten Tage sein."

Alle Kinder starren auf eine schöne, aber komische Hütte. Diese sieht sehr alt aus und ist aus Holz gebaut.

„Jetzt zeige ich euch eure Zimmer", sagt die Lehrerin.

Nach und nach bekommen alle Kinder ihre Zimmer zugeteilt. Dann gehen sie zu Abend essen. Das Abendessen ist in einem traumhaften Saal, wo alles aus Holz ist. Das Essen ist sehr lecker und alle Kinder sind begeistert, da alles aussieht wie in Harry Potter-Filmen, die alle kennen. Nach dem Abendessen gehen alle Kinder schlafen.

Alle Kinder scheinen zu schlafen, aber einige sind noch wach. Man hört komische Geräusche. Lina wird von den Geräuschen geweckt. Ganz leise schleicht sie durch den Flur.

Plötzlich entdeckt sie dort Paul. Er freut sich ein bisschen, als er sie sieht. Paul hat Angst vor den Geräuschen. Beide fragen sich, was sie jetzt machen sollen. Zusammen beschließen sie, dass sie herausfinden wollen, woher das Geräusch kommt. Beide schleichen still und leise über den Flur. Das komische Geräusch kommt aus dem Zimmer der Lehrerin.

„Was macht sie da?", fragt Lina leise.

„Frau Kurz hat vielleicht noch jemanden im Zimmer", antwortet Paul.

Sie sind so neugierig, dass sie vorsichtig die Tür des Zimmers der Lehrerin aufmachen. Sie sehen Frau Kurz. Sie sitzt auf ihrem Bett und spricht mit jemandem. Aber wer ist denn das? Die Kinder sehen niemanden und kommen näher. Neben der Lehrerin sitzt ein kleines Tier. Es ist ein Eichhörnchen und es sieht ganz freundlich und unerschrocken aus.

Die Lehrerin hat schon bemerkt, dass sie jemand beobachtet. „Na, Kinder, jetzt habt ihr das Besondere schon entdeckt!", sagt sie. „Das

ist Ricki, das Eichhörnchen", stellt Frau Kurz vor. „Er wird uns während der Klassenfahrt begleiten." Die Kinder spielen noch ein wenig mit Ricki und dann gehen sie in ihren Zimmern schlafen.

Am nächsten Morgen frühstücken alle miteinander. Frau Kurz stellt nun allen Kindern Ricki vor. Danach besuchen sie das Süßigkeitenmuseum. Alle Kinder sind begeistert, dass sie dort auch probieren können. Dann geht die Klasse zum Mittagessen in ein kleines Restaurant neben dem Museum. Nachmittags besuchen die Kinder den Zirkus. Dort hat Ricki einen Auftritt und führt lustige Kunststücke vor. Die ganze Klasse lacht und freut sich. Nach der Vorstellung gehen die Kinder, Frau Kurz und Ricki noch auf einen großen Spielplatz und haben viel Spaß miteinander. Es ist schon spät und die Gruppe macht sich auf den Weg zurück in die Hütte. Nach dem Abendessen schlafen alle schnell ein, weil sie sehr müde sind.

Am nächsten Morgen packen alle Kinder ihre Koffer. Nach der spannenden Zeit, die sie hier erlebt haben, müssen sie nun wieder zurück nach Hause. Für manche Kinder ist es noch zu früh. Aber sie müssen zurück, da morgen wieder Schule ist. Wie schön war es hier! Nach dem Frühstück verabschieden sich die Kinder von Ricki und bringen ihn zurück in den Zirkus.

Noch heute spricht man in der Klasse, dass diese Klassenfahrt die allerschönste war.

Lucia Matušková *ist 9 Jahre alt und besucht die Klasse 3A der Deutschen Schule Bratislava in der Slowakei. Sie spielt Blockflöte, liest und malt gerne.*

Schulgeschichten 2.0 aus Elmshorn

Schülerinnen und Schüler der LEMAS-Arbeitsgruppe

der Leibniz Privatschule gGmbH

Die Schulabenteuer von Amy Abendstern

Montag

Der Wecker klingelte schrill und riss mich damit aus meinen Gedanken. Ich hatte schlecht geschlafen, alles war so neu und ungewohnt. Wir waren erst vor Kurzem hierhergezogen und es war meine erste Nacht in meinem eigenen Bett in meinem neuen Zimmer. Langsam stieg ich aus dem Bett. Mein Zimmer sah noch sehr leer aus, nur meine Möbel waren aufgebaut und überall standen Kartons herum. Ich musste mich unbedingt bald einrichten. Anfangs war ich nicht sehr begeistert davon, dass wir wegen Papas neuer Arbeit in eine andere Stadt ziehen mussten, obwohl mir das neue und viel größere Haus sofort gefiel und auch mein neues Zimmer mochte ich mittlerweile ganz gerne, doch heute würde ich meinen ersten Tag an meiner neuen Schule haben.

Obwohl ich eigentlich todmüde war, durchströmte mich plötzlich ein aufgeregtes Gefühl. Ich hatte die neue Schule noch nie gesehen und auch keinen einzigen meiner neuen Klassenkameraden kannte ich. In meiner alten Schule hatte ich viele Freundinnen gehabt, ob das hier auch so werden konnte?

Ich holte meine Anziehsachen aus dem Schrank und wählte möglichst unauffällige Teile, denn mir würde heute schon genug Aufmerksamkeit geschenkt werden. Ich zog mich an, putzte die Zähne und schlang eilig mein Müsli herunter. Ich hatte getrödelt und musste mich jetzt beeilen!

Meine Eltern verabschiedeten sich von mir und wünschten mir alles Gute, dann machte ich mich auf den Weg zur Bushaltestelle. Es war auch für August schon jetzt am Morgen sehr heiß. Als ich um die Ecke zur Bushaltestelle bog, stand der Bus schon da, Mist! Ich legte einen Sprint hin … Das fehlte gerade noch, am ersten Tag den Bus zu verpassen. Hektisch schlüpfte ich durch die Tür und zeigte dem Busfahrer meine Jahreskarte. Ich ging durch den Mittelgang zu einem Platz, plötzlich verstummten alle Gespräche und die Leute um mich herum begannen zu tuscheln. Ich schnappte Sätze auf wie: „Wer ist das denn?" Oder: „Das muss die Neue sein." Ich spürte richtig, wie mir das Blut in den Kopf schoss. Fast ganz hinten im Bus war noch ein Platz frei – neben einem Jungen mit glatten, schwarzen Haaren und einer Brille. Er nickte mir kurz zu, dann vertiefte er sich wieder in sein sehr dickes Buch.

Immer wieder drehten sich Schüler zu mir um und durchbohrten mich mit neugierigen Blicken. Der Bus fuhr in einen verlassenen Wald und plötzlich erschien auf der Straße ein merkwürdiges, blaues Licht und der Schulbus fuhr direkt darauf zu! Es rumpelte und der Bus kam auf einem großen Parkplatz zum Stehen. Ich schnappte nach Luft, was war denn das gerade? Die anderen Schüler im Bus schienen es kaum bemerkt zu haben.

Der Junge neben mir sah in mein erschrecktes Gesicht. „Das ist normal, wir sind durch unser schuleigenes Portal zur Schule gereist", erklärte er mir.

Zu verdattert, um zu antworten, sah ich ihn an.

„Ich bin übrigens Paul, weißt du schon, in welche Klasse du kommst?", fragte er.

„Ich heiße Amy. Soviel ich weiß, komme ich in die 6b", gab ich zurück.

Paul lächelte: „Cool, wir sind in einer Klasse! Los, ich zeig' dir alles!"

Immerhin eine nette Person hier. Aufgeregt betrat ich mit Paul das Gebäude, dessen Außenwände in verschiedenen Blautönen strahlten. Überall waren Planeten und andere Himmelskörper abgebildet, die sich zu bewegen schienen. Was für eine verrückte Schule! Drinnen wimmelte es vor Leuten. Paul zeigte mir die Mensa, die Bibliothek, die Computerräume …

Unser Klassenraum war im ersten Stock und vor der Tür tummelten sich schon eine Menge meiner neuen Mitschüler. Wieder wurde ich neugierig gemustert. Zwei Mädchen kamen auf mich zu stolziert. Das eine Mädchen war sehr groß und hatte lange, blonde Haare, das zweite warf ihm bewundernde Blicke zu und schüttelte seine kurzen, schwarzen Haare.

„Du bist also die Neue", sagte die Blonde. „Ich bin Luise und das ist Greta", stellte sie sich und ihre Freundin vor.

Beide betrachteten mich abschätzend. Sofort waren mir Luise und Greta unsympathisch, als jetzt noch ein drittes Mädchen auf uns zukam, das sich als Arabella vorstellte und begann, Luises Schulunterlagen zu sortieren. Ich wollte mich vorstellen, doch da zogen die drei auch schon ab. Paul hatte sich auf ein Sofa gesetzt und las schon wieder.

Wenig später schritt eine schlanke Frau mit fast weißen Haaren den Flur entlang und schloss unseren Klassenraum auf. Alle setzten sich auf ihre Stühle und die Lehrerin bat mich, nach vorne zu treten.

„Mein Name ist Wilma Wolke. Ich bin eure Klassenlehrerin und unterrichte Deutsch, Englisch und Kunst. Amy Abendstern wird künftig unsere Klasse komplett machen. Bitte nehmt sie gut in unsere Gemeinschaft auf und erzählt ihr, wie besonders unsere Schulgemeinschaft ist", meinte Frau Wolke und lächelte herzlich. Passend zu ihrem Namen trug sie Schuhe, auf denen Wolken abgebildet waren.

Der einzige freie Platz war ausgerechnet neben Luises Freundin Arabella. Als ich mich setzen wollte, zog sie blitzschnell den Stuhl fort und ich fiel unsanft auf meinen Hintern. Alle lachten und ich wurde knallrot. Paul half mir aufzustehen und Luise, die boshaft lachte, rief: „Oh, wie süß, da haben sich ja die Richtigen gefunden."

Schnell setzte Paul sich wieder und auch ich drückte mich auf meinen Stuhl. Das konnte ja heiter werden. Frau Wolke warf Luise einen bösen Blick zu und teilte – neben den Stundenplänen für das kommende Halbjahr – die Arbeitsblätter für den jetzigen Kunstunterricht aus. Unser Thema sollte die *abstrakte Kunst* sein. Nach ihrem einleitenden Vortrag meinte sie, dass wir uns in unseren Büchern alle Abbildungen genau ansehen sollten.

„Amy, da du das ja noch nicht kennst, erkläre ich es dir kurz. Also, wir haben magische Bücher, die es uns erlauben, Zeitreisen zu machen, um unseren Themen näher zu kommen."

Ich war mehr als überrascht. War das nur ein Scherz, um mich zu ärgern? Andrerseits kam die Info von Frau Wolke persönlich und ich konnte mir gut vorstellen, dass hier etwas Seltsames vor sich ging. Frau Wolke erzählte uns von dem Künstler Kandinsky, dann schlugen alle ihre Bücher auf und ich tat es ihnen gleich. Frau Wolke sprach einige magische Worte und sogleich sogen die Bücher uns weit fort. Es fühlte sich an, als wäre ich schwerelos. Ich landete auf dem Boden. Um mich herum standen die anderen ganz entspannt, aber mir stand wohl der Schrecken ins Gesicht geschrieben. Luise kam auf mich zu und das Grinsen auf ihrem Gesicht gefiel mir gar nicht. „Na, das ist wohl nicht so deins", stellte sie spöttisch fest, ehe sie wieder davonrauschte.

Zu meinem Glück kam in diesem Moment ein großer, blonder Junge auf mich zu, der moderne Kleidung trug. Er half mir auf und lächelte. „Ich bin Mike, mach dir nichts aus Luises Gemeinheiten. Sie ist bloß eifersüchtig, weil sie heute mal nicht im Mittelpunkt steht, aber die beruhigt sich auch wieder", sagte er und war mir direkt sympathisch.

Frau Wolke räusperte sich. Wir waren in einem großen, altmodischen Raum und neben mir stand ein älterer Mann, der mit merkwürdigen Farben eine Leinwand verzierte.

„Ist das …?", fragte ich vorsichtig.

Paul grinste: „Ja, Kandinsky persönlich. Er kann uns aber weder sehen noch hören. Cool, oder?"

Ich nickte.

Die Stunde verging wie im Flug und in der Pause aß ich mit Paul und Mike mein Frühstücksbrot. Danach hatten wir Mathe bei Herrn Mars, leider haben wir dabei keine magische Reise gemacht. Aber die Stunde war trotzdem interessant. Nur Luise ließ keine Gelegenheit aus, sich über mich lustig zu machen. Später stand noch Geografie auf dem Plan, da haben wir eine Reise zu einer Grenzkontrolle gemacht. Total verrückt! Paul und Mike waren echt gute Freunde. Ich wünschte, dass alle so nett wären. Unser Geo- und Mathelehrer Herr Mars war sehr streng, aber sein Unterricht war prima.

Dienstag

Als ich abends im Bett lag, freute ich mich schon auf den nächsten Morgen. Da war es unheimlich heiß und ich hätte beinahe wieder den Bus verpasst. Ich saß neben Mike und gegenüber von Paul. Sie erzählten mir, was auf dem Lehrplan für dieses Schuljahr stand.

In der ersten Stunde stand Englisch auf dem Plan und ich war total aufgeregt, weil wir dieses Mal eine Reise nach London machen wollten. Jetzt fiel mir das magische Reisen nicht mehr so schwer. In London regnete es und der Himmel war tiefgrau, so als gäbe es kein anderes Wetter. Unsere Aufgabe war es, in Dreierteams die Stadt zu erkunden und dabei – natürlich Englisch sprechend – den Weg zu verschiedenen Sehenswürdigkeiten zu erfragen. Es machte einfach so einen großen Spaß, doch leider vergingen die zwei Schulstunden wie im Fluge. In der folgenden Doppelstunde, Sport mit Herrn Lüftchen, kündigte er für die kommende Woche eine Reise zu den Olympischen Spielen nach München 1972 an. Die aktuelle Doppelstunde nutzten wir für ausgiebige Übungen im Sprinten. Mike war sehr gut in Sport. Ich kämpfte gegen meine Probleme mit Luise an, denn sie versuchte ständig, mich lächerlich zu machen, indem sie mir ein Bein stellte. Zum Glück konnte ich ihr ausweichen. Von Paul wusste ich, dass Luise mich ganz besonders hasste, weil sie in Mike verliebt war und er mit mir befreundet war. Das wars.

In den beiden Stunden nach der Mittagspause standen Wirtschaft und Politik auf dem Plan, leider fand auch hier keine magische Reise statt, weil wir die ganze Zeit über Grundrechte der Menschen sprachen. Nach diesem anstrengenden Tag war ich sehr froh, nach Hause zu kommen. Langsam sah auch mein Zimmer wohnlicher aus und ich begann, mich zunehmend wohler zu fühlen. Meine neue Schule fand ich natürlich auch total super, vor allem, weil ich endlich richtige Freunde gefunden hatte.

Mittwoch

Als ich heute Morgen vom Weckerklingeln aufwachte, war mein erster Gedanke: endlich wieder Schule. Richtig! War das wahr? Ich freute mich auf die Schule? Konnte doch gar nicht sein. Auf meiner *alten* Schule hatte ich mich jeden Morgen noch einmal im Bett umgedreht und musste dann in großer Hektik zum Bus rennen. So wie an diesem Montag, doch da wusste ich noch nicht, dass diese Schule magisch war.

Mich aus meinen Gedanken lösend, lief ich mit großen Schritten die Treppe hinunter und setzte mich an den Tisch, um zu frühstücken. Augenscheinlich war meine Mutter noch gar nicht wach. Ungewöhnlich, denn sie war sonst immer vor mir in der Küche. Na endlich, verschlafen kam sie die Treppe hinunter.

„Schon wach?", fragte sie erstaunt.

„Mama, heute hast du etwas verschlafen."

„Oh tatsächlich, dann packe schnell deine Sachen und lauf zum Bus, der kommt doch bestimmt gleich."

„Keine Panik, Mama", beruhigte ich sie.

Ich rannte zum Bus und wurde, so wie jeden Tag, von Mike und Paul erwartet. „Heute haben wir Geschichtsunterricht, der wird immer spannend, weil wir in die Zeit der alten Römer reisen", meinte Paul und schaute mich dabei an.

„Ich bin auch schon so gespannt", sagte ich daraufhin.

In der Schule angekommen, rannten wir geradewegs in unseren Klassenraum, denn wir sollten die magischen Bücher holen. Wir sprangen durch eine Seite, die wir willkürlich auswählten, um im alten Rom anzukommen.

Frau Wolke warnte uns: „Passt gut auf euch auf, die Römer haben oft Krieg geführt." Wir alle nickten und Luise nickte natürlich am arrogantesten. Sie regte mich einfach auf. Allein ihr Anblick ...

Unterwegs lernten wir eine Menge über die Römer. Wir sahen das Kolosseum, litten mit den Kämpfern in der Arena und konnten das Gewusel in einem römischen Militärlager sehen. Luise tat mal wieder so, als wäre sie die Schlaueste der Klasse und schaute dabei immer wieder Mike an. So, als wäre sie in Mike verliebt.

Gerade wollten wir in die Schule zurückkehren, als Frau Wolke aufgeregt mitteilte, dass sie ihr magisches Geschichtsbuch verloren habe. Wahrscheinlich konnte sie nun nicht mehr zurückfinden. Genau wusste ich nicht, was das bedeuten würde, aber es schien etwas Schlimmes zu sein. Alle brachen jedenfalls in Panik aus und Frau Wolke musste die Schüler und Schülerinnen beruhigen. Das klappte erst nach wenigen Minuten, dann wurde es ganz still.

„Wir müssen uns alle auf die Suche begeben, mein Buch zu finden. Das ist natürlich meine Schuld und es tut mir auch sehr leid, Kinder, aber wir müssen es finden. Durchsucht alle Orte und Stellen, wo wir gewesen sind. Wer das Buch findet, pfeift einmal laut und kommt wieder hierher zurück. Den Pfiff werden alle hören, dann treffen wir uns wieder hier. Wir kommen erst wieder hier raus, wenn ich mein Buch habe. Viel Glück", wünschte Frau Wolke.

O je, ich wusste gar nicht, dass wir nur durch das Buch des Lehrers in die Schule zurückkamen. Doch nach Pauls kurzer Erklärung sah ich ein, dass wir in Schwierigkeiten steckten. Wir suchten und suchten. Es hätte überall in Rom liegen können, es würde also ewig dauern, bis wir es gefunden hatten. Nach einer gefühlten Ewigkeit entdeckte Mike auf einem großen Felsen etwas, das aussah wie ein Buch. Es war tatsächlich das Buch von Frau Wolke. Ich freute mich so riesig, denn ich hatte schon die Hoffnung aufgegeben, dass wir das Buch noch finden würden. Mike kletterte auf den Felsen und wollte gerade pfeifen, als er abrutschte. Ein schrilles „Aua" ertönte und Paul hechtete zu Mike.

„Hol das Buch, Amy, ich kümmere mich um Mike. Geht es dir gut, Mike?"

Ich kletterte langsam auf den Felsen hinauf. Als ich das Buch fast greifen konnte, erschreckte ich mich. Etwas Goldenes war neben dem Felsen und kurz davor, auch auf den Felsen zu klettern.

„W...w...was?", stotterte ich.

Da schoss ein Kopf in die Höhe. Ein Römer! Ich schlich mich einen Schritt zurück und konnte mich gerade noch halten, bevor ich das Gleichgewicht verlor und fast vom Felsen gefallen wäre. Paul nahm das gar nicht wahr, da er sich um Mike kümmerte, der bewusstlos auf dem Boden lag. Ich musste die Situation alleine regeln. Erst jetzt sah ich, dass der Römer einen Speer hatte und damit auf mich zielen wollte. Ich schlug meine Hände vors Gesicht und kniff die Augen zusammen. In dem Augenblick, als der Speer direkt auf mich zukam, hastete jemand auf den Felsen und griff den Speer aus

der Luft. Wer hatte den Speer aufgefangen? Luise! „Danke, du hast mich gerettet."

„Weiß ich selbst, danke. Na ja, aber ganz ehrlich, ich kann dich doch nicht einfach sterben lassen. Was meinst du, was ich deinen Eltern erzählen müsste …" Sie lächelte mich an – zum ersten Mal. Luise ließ erschöpft den Speer fallen. Wir gaben uns grinsend die Hand, nickten uns zu und pfiffen zusammen. Wir hatten es geschafft! Wir kamen hier raus!

Zurück in der Schule wachte Mike wieder auf. Zum Glück ging es ihm besser. Nichts gebrochen, nichts verstaucht. Nach dem Schockabenteuer durften wir alle nach Hause. Wir sollten unseren Eltern berichten, dass wir Freistunden hätten. Ehrlich gesagt, war ich froh, jetzt daheim zu sein und mich erholen zu können. Auch, dass ich mich mit Luise vertragen hatte, machte einiges leichter. Sie sagte mir, dass sie neidisch gewesen sei, weil sie früher mit Mike befreundet war und es gerne immer noch wäre. Das war dann also auch geklärt. Morgen würde hoffentlich wieder ein *normaler* Tag.

Donnerstag

Als ich heute im Bus saß, sah mich niemand mehr schief an, auch Luise und ihre Freundinnen lästerten nicht mehr über mich, sondern lächelten mich freundlich an, als ich mich neben Paul setzte, der gerade in einem Sachbuch über ägyptische Mythologie blätterte.

In der Schule waren alle noch immer geschockt wegen des gestrigen Vorfalls und viele Schüler aus anderen Klassen fragten mich, was denn passiert wäre. Dieses Mal hatte Luise allerdings auch keinen Grund, eifersüchtig zu sein, denn sie hatte in unserem Abenteuer eine ebenso bedeutende Rolle gespielt wie wir.

Der Tag verlief ohne besondere Vorkommnisse, mein Unterricht in Geografie war lustig, weil wir ein großes Weltquiz machten. Herr Mars hatte die Arbeitsblätter vergessen.

Der Rest des Schultages verlief ruhig und am Nachmittag traf ich mich mit Paul und Mike bei Mike zu Hause. Er wohnte in einem großen Haus am Stadtrand, hinter dem sich ein riesiger Garten befand. Es wurde ein großartiger Nachmittag mit Spielen, Keksen und ganz viel Spaß. Als ich am Abend im Bett lag, konnte ich den nächsten Tag kaum erwarten.

Freitag

Nach dem Aufwachen wurde mir klar, wie schnell diese Woche vergangen war und dass ich mit meinen neuen Freunden echt viel Spaß gehabt hatte. Aber auch, weil wir viel Aufregendes erlebt hatten, so wie am Mittwoch, als wir im alten Rom waren und nicht wussten, ob wir je wieder zurückfinden würden. Das alles wäre auf einer ganz normalen Schule definitiv nicht passiert. Ich wurde von meiner Mutter aus meinen Gedanken gerissen.

„Trödelst du schon wieder, Amy?"

Sofort krabbelte ich aus dem Bett und machte mich fertig, so wie jeden Morgen. Fast hätte ich allerdings den Bus wieder verpasst. Fröhlich wurde ich von Mike und Paul begrüßt und wir fuhren auf steinigen Wegen zu unserer Schule.

In den ersten beiden Stunden hatten wir WPK, da passte sowieso keiner gut auf. So konnte ich mich wieder meinen Gedanken hingeben und fühlen, wie glücklich ich war. Von der Pausenklingel wurde ich aus meinen Tagträumen gerissen. Ich hatte doch tatsächlich neunzig Minuten daran gedacht, wie schön mein Leben derzeit war. Wow! Und das hatte ich meiner Schule zu verdanken.

In den folgenden Unterrichtsstunden hatte ich Deutsch und Englisch, zu wichtig, um an die Decke zu starren und zu träumen. Auf dem Heimweg im Bus sagte ich Mike und Paul, dass ich glücklich wäre, so tolle Freunde zu haben, die mir immer halfen. Die beiden waren echte Freunde. Solche Menschen brauchte man einfach im Leben. Die Schule war einfach cool.

Wenn diese erste Woche schon so toll war, wie würden dann erst die nächsten Jahre werden, fragte ich mich. Ich wusste es natürlich noch nicht, aber ich konnte mir schon vorstellen, wie viel Spaß ich auch künftig haben würde.

Sara Silva Bodendiek aus der Klasse 5b, *Emily Warstat* aus der Klasse 7b und *Jette Krützfeldt* aus der Klasse 6b.

Schulgeschichten 2.0 aus Erkelenz

Schülerinnen und Schüler der LEMAS-Arbeitsgruppe

der Nysterbach-Schule Lövenich in Erkelenz

Die Schülerstreiche

Lena, Amelie und Emma trafen sich in der Schule. Danach wollten sie ihrem Lehrer Streiche spielen. Als der Klassenlehrer Herr Strauch nicht in der Klasse war, spielten die drei Kinder dem Lehrer einen Streich. Angefangen hat es damit: Sie hatten Kleber auf den Stuhl gemacht. Danach hatten sie sich wieder auf ihre Plätze gesetzt und dann kam der Lehrer rein. Danach setzte er sich hin und bemerkte irgendwas Feuchtes. Dann kam er nicht vom Stuhl und hat gezogen und gezogen. Dann hat er es geschafft, aber seine Hose hat festgeklebt und er hat gesagt: „Wer war das?"

Da haben die drei Mädels sich gemeldet. Dann mussten sie nachsitzen und das war ihnen egal, denn es gab noch viel Schlimmeres. Und weiter geht es mit dem nächsten Streich: Sie trafen sich wieder in der Schule und hatten eine Fake-Kakerlake mit. Dann legten sie die Kakerlake gleich unter den Schreibtisch. Danach machten sie die Schublade zu.

Herr Strauch kam. „So, wir fangen an. Ich muss mal an meine Schublade."

Und die drei sagten „Jetzt wird es passieren!"

Und *Plopp* – es war passiert und Herr Strauch sagte: „Ihr drei müsst nachsitzen, weil ich weiß, ihr drei wart das. Vier Stunden nachsitzen und ihr sitzt nicht nebeneinander."

„Na gut, machen wir nicht."

„Wir überlegen noch, wie wir schummeln können. Gib Check!", sagte Lena.

„Wir überlegen noch, wie wir das machen. Moment mal! Wir nehmen mein iPad mit", sagte Amelie.

„Wir machen noch einen Streich", sagte Emma. „Wir tauschen das Klassentier gegen ein Stinktier aus."

„Super Idee", sagten Amelie und Emma.

„Gut. Hmm. Und wo sollen wir es herholen?", fragt Lena.

„Von meiner Cousine. Die hat welche."

„Na los! Holen wir eins."

„Gut! Tolle Idee!"

„Jetzt haben wir eins. Boar, stinkt der. Schnell!", sagte Emma.

„Wir können ihn in den Schrank setzen. Kommt, sonst macht die Schule zu."

„Okay, wir sind da. Tun wir es in den Schrank", sagte Lena.

„Okay", sagte Emma.

Der nächste Tag begann und der Lehrer musste an den Schrank.

Drei, zwei, eins ...

„Baah! Stinkt das! Was ist das bloß?"

„Haha! Selbst Schuld", sagte Emma, „weil du uns immer nachsitzen lässt."

Samia Bellanger, 8 Jahre.

Der Schultag

Ich bin in der Schule. Es greift mich ein Skelett an. Es sieht aus wie Lucy. Lucy ist ein besonderes Skelett. Es springt von der Treppe und sagt: „Ich werde dich fressen."
Ich habe Angst, aber Frau Clemens weiß nichts davon. Frau Clemens und ich kämpfen gegen das Skelett. Ich trete das Skelett. Es sagt: „Ich vernichte euch!"
Zu früh gefreut. Es wird geschlagen. Es war gar kein Skelett. Es war Matheo, der uns einen Streich gespielt hat. Er kriegt Ärger von der Schulleiterin.
Aber es geht noch weiter. Er spielt der Schulleiterin einen Streich. Er legt ihr Handy weg. Die Schulleiterin ruft alle zu sich. Er legt das Handy wieder zurück und dann sagt er: „Entschuldigung." Er wird von der Schule geschmissen.
Die Eltern von Matheo sagen: „Er geht jetzt auf eine andere Schule." Und wenn er nicht gestorben ist, dann spielt er heute noch Streiche.

Marian Kruschinski, 7 Jahre.

Die Streicheschule

Die Schüler warten auf Frau Jacke. Frau Jacke ist zu spät und die Schüler wollen einen Streich spielen. Die Schüler wollen den ganzen Raum nass machen. Frau Jacke ist sauer, aber Frau Jacke will auch einen kleinen Streich spielen.

Frau Jacke hat sich einen Streich überlegt. Frau Jacke ist am Mittwoch als Horrorpuppe Megan verkleidet. Heute ist Mittwoch. Die Schüler bemerken, dass Frau Jacke wieder nicht da ist. Frau Jacke hat sich versteckt. Die Schüler gehen.

Plötzlich kommt Megan. Die Schüler erschrecken sich. Frau Jacke muss lachen und weinen. Die Schüler bemerken, dass das Frau Jacke ist. Die Schüler sind sauer. Frau Jacke entschuldigt sich.

Die Schüler haben noch einen Streich. Die Schüler wollen die Brille in eine Blume reintun. Frau Jacke bemerkt, dass die Brille weg ist. Frau Jacke sucht überall. Aber sie findet sie nicht. Frau Jacke ist traurig. Die Schüler lachen. Die Lehrerin bemerkt, dass das die Schüler waren. Die Lehrerin will ihre Brille wiederhaben. Die Lehrerin kriegt ihre Brille zurück.

Malika Oripowa, 8 Jahre.

Der tolle Tag mit Freund und Klasse

Susi macht die Schule viel Spaß. Die Klasse wird leise. Susi läuft nach draußen. Sie will was erleben. Am nächsten Tag ist es so weit. Frau Lilie sagt etwas Tolles. Susi hört gut zu. „Also wir fahren los." Susi hört die Stimme noch. Sie hat gesagt: „Wir fahren wohin." Klassenfahrt – weiß sie sofort. Drei Tage später steigen sie ein. Susi fährt in die Berge. Sie freut sich auf die tolle Zeit. Die Klasse ist begeistert. „Juhu", rufen sie im Chor. Als sie ankommen, ist es spät. Am nächsten Tag wollen sie Ski fahren. Die Lehrerin ist einverstanden. Die Kinder düsen los. Ach, die Zeit vergeht schnell. Oh – Susi hat sich mit den Skiern verheddert. Schnell helfen sie ihr. „Oje, oje", sagt Susi. Aber es ist schnell wieder vergessen. Susi ist nicht mehr verheddert. Die Klasse geht zum Hotel. Sechs Minuten brauchen die Kinder. „Sollen wir einen Streich machen?" „Oh ja! Schnell!", rufen sie und wissen womit – mit Schnee. Doch der Schnee ist weg. Sie gucken noch einen Film. Am Ende vom Film kann der Baum Fritz Ski fahren und ist glücklich. „Cool und spannend", rufen sie. Am nächsten Morgen fahren sie. Glücklich umarmt Susi ihre Eltern. „Wir haben schon auf euch gewartet und haben eine Überraschung und die ist: Wir fahren jetzt in den Urlaub." „Oh, danke!", ruft sie. „Und deine Klasse mit Lehrerin kommt mit." „Juhu! Ferien!", ruft Susi. Sie freut sich auf den Zwei-Tage-Urlaub. Sie holen die Klasse ab und wollen versuchen, bis 100 zu zählen. „Eins, zwei, drei, vier, fünf, sechs, sieben, acht, neun, zehn, ... hundert!"

Na endlich! Sie kommen an. Die Klasse und sie gehen ins Meer. Sie treffen Freunde und haben Spaß. Die Klassenfahrt ist genauso toll und nun kaufen sie auch noch ein neues Klassentier. „Ach, danke, Mama!", ruft sie. Und dann, am nächsten Tag, fahren sie. Sie winken der Morgensonne und weg sind sie. Die Lehrerin ist begeistert, denn ein neues Klassentier hatte sie gebraucht. Toll! Schnell gehen sie noch zur Schule. Sie können noch einen Streich machen. Sofort holen sie ein Stinktier und tun es in den Schrank. „Phu, ist das schlimm", jammert Frau Lilie. „Oh, toll! Geschafft! Streich und Urlaub toll, aber beim nächsten Mal soll die Klotür klemmen."

Luisa Schmitz, 7 Jahre.

Schülerstreiche

Der Schülerstreich ist heute. Die Kinder heißen Kira und Benjamin. Die Lehrerin heißt Frau Clemens. Die Kinder haben den Stuhl mit Sekundenkleber beschmiert. Die Lehrerin hat sich hingesetzt und hat keine Hose mehr.

Der zweite Streich ist, dass ein Skelett aus der Klasse 1a an dem Fenster hängt. Da hat die Lehrerin sich sehr erschrocken. Nach dem Streich hat die Klasse Oreos gekauft und sie haben die Creme von den Oreos gegen Zahnpasta aus drei unterschiedlichen Zahnpasten, die widerlich schmecken, getauscht. Später ist die Lehrerin am Pult und hat den Oreo gegessen. Dann ist die Lehrerin zur Toilette ge-

rannt und hat das in die Toilette gespuckt. Nach diesem Streich hat die Klasse eine Gummi-Vogelspinne auf den Stuhl der Lehrerin getan. Da hängt die Spinne nun am Po der Lehrerin und die hat sich sehr sehr sehr sehr sehr erschreckt.

Die Klasse hat eine Gummi-Kobra geholt. Da hat sich die Lehrerin an der Tür erschrocken. Nun musste die ganze Klasse fünf Stunden nachsitzen. Der nächste Streich ist, dass die Klasse eine Paprika auf den Boden getan hat. Die Lehrerin hat die Paprika gesehen. Die Klasse hat sich auf dem Klo versteckt. Zum Glück passen da alle Kinder rein. Die Lehrerin hat sich gewundert, wo die Kinder sind.

In der Toilette haben sie sich den nächsten Streich überlegt. Sie wissen auch schon, welchen Streich. Der Streich ist, dass die Toilette von der Lehrerin verstopft ist.

Die Lehrerin hat sich gewundert. Da hat die Lehrerin der Klasse noch mehr Stunden gegeben. Der nächste Streich ist, dass der Stuhl der Lehrerin mit Luftballons belegt ist. Als Nächstes setzt sich die Lehrerin auf den Stuhl, weil sie den Kindern was erklärt. Die Luftballons platzen. Die Lehrerin hat sich sehr sehr sehr erschreckt.

Nun muss sich die Klasse ein schreckliches Lied anhören. Es ist so schrecklich, dass die Lehrerin das Lied ausmacht. Die Kinder haben aufgehört, Streiche zu machen. Sonst müssen sie noch mehr nachsitzen.

Katharina Rick, 7 Jahre.

Schülerstreiche

Es ist der 1. April und es gibt zwei Schüler. Die Schüler heißen Fritz und Ben. Fritz und Ben gehen um Mitternacht in die Schule, um in der Klasse einen Streich vorzubereiten. Ben und Fritz nehmen sich eine Plastikspinne und legen die Spinne unter den Tisch.

Es ist Morgen. Ben schmeißt die Spinne zur Lehrerin und die Lehrerin erschreckt sich sehr doll. Die Lehrerin fragt: „Wer war das?"

Ben sagt: „Ich, Frau Lehrerin, ich war das."

Die Lehrerin sagt „Ben, du musst nachsitzen und das den ganzen Tag."

Ben sagt: „Muss das sein?"

Die Lehrerin sagt: „Wenn du dich benimmst, dann nicht."

Ben benimmt sich und musste dann Gott sei Dank nur eine halbe Stunde nachsitzen. Er musste eine halbe Stunde Mathe machen.

Ben ist erleichtert und geht nach Hause.

Am Morgen gehen Ben und Fritz leise in die Klasse. Die Schüler schlafen noch und kommen eine Stunde zu spät. Die erste Stunde ist um und die Schüler kommen endlich in die Schule. Die Lehrerin ist wütend, weil alle zu spät sind. Aber die Lehrerin lobt Ben und Fritz. Alle müssen nachsitzen, außer Ben und Fritz. Die gehen mit der Lehrerin ins Kino. Sie gucken einen Superheldenfilm und die anderen müssen in der Schule weiterarbeiten. 30 Stunden nachsitzen.

Ida Peters, 7 Jahre.

Verwöhnte Schüler

Es ist 8:15 Uhr. Amelie und ihre Schwester sitzen im Auto. „Amelie, du bist schon von vier Schule geflogen. Wenn du wieder von der Schule fliegst, dann musst du ins Gefängnis." Amelie dreht sich um und sagt: „Nerv nicht so, Elma!" Elma dreht sich ebenfalls um. Die Mutter sagt: „Ach, ach, ach. Oh, wir sind da." Sie steigen aus. „Das ist ein schönes Haus", sagt ihre Mutter. „Los, wir räumen das Auto aus. Wir sind an unserem Haus angekommen. Morgen fängt die Schule an." „Elma, ich habe unser Schlafzimmer gefunden!" Es wird Abend und Amelie und Elma gehen schlafen. „Haa", gähnt Elma.

Am Morgen packt Amelie heimlich weißen Sekundenkleber ein und geht zur Schule. Bevor ihre Lehrerin reinkommt, macht sie den weißen Kleber auf den Stuhl und setzt sich auf den Platz. Die Lehrerin kommt rein. Sie setzt sich auf ihren Stuhl.

„Frau Clemens, Frau Clemens, komm mal mit. Ich möchte dir etwas zeigen!"

„Ja, ja, ich komme schon. Hee, wer hat Kleber auf meinen Stuhl getan?"

„Ich!", sagt Amelie.

„Oh, das gibt Ärger!"

„Das war ein lustiger Streich. Ich möchte an dieser Schule bleiben", denkt Amelie.

Der Unterricht beginnt. „Ich besorge mir eine Hose", sagt die Lehrerin.

Amelie holt Elma von dem Kindergarten ab. Sie gehen nach Hause. Amelie erzählt ihrer Mutter, dass sie an der Schule bleiben darf, wenn sie keine Streiche mehr macht.

Luisa Schmitz,, 8 Jahre, und Mira Oosterom, 7 Jahre.

Ende

Schule 2.0

John betrat die leere Schule. Es war dunkel. Also entschied er sich, seine Taschenlampe einzuschalten. Es hallten Stimmen durch den Flur, die ihm kalt den Rücken herunterliefen. John sagte mit selbstbewusster Stimme: „Hallo, ist da jemand?!" Die Stimmen verstummten. Auf einmal stoppte John abrupt, weil sich eine Tür öffnete, die direkt vor ihm lag. John machte einen Schritt zurück, als sich eine knochenartige Hand aus der Tür erhob. John, völlig verwirrt von dem, was hier gerade passierte, griff seine Taschenlampe, sodass es so aussah, als würde er damit gleich zuschlagen. Die Hand kam näher. John stellte sich an die gegenüberliegende Wand. Er wartete ab, als eine weitere Tür, die der anderen gegenüberlag, sich öffnete und auch eine Hand herauskam. Auf einmal schossen beide Hände auf ihn zu. John wich geschickt aus und schlug auf die Hände ein. Die Hände zogen sich zurück, John atmete tief durch und dachte nach, wie er dieses Monster besiegen könnte. Dann fiel ihm ein, dass er am Hauptstrom das Licht anschalten konnte, dann würde das Monster zu Staub zerfallen.

John rannte los. Aber das Monster wusste, was er vorhatte, und rannte ihm hinterher. Eine Verfolgungsjagd entstand. John rannte die Flure entlang und schmiss Regale um, über die das Monster stolperte. Dies verschaffte ihm einen Vorteil. John sah schon den Hauptstrom vor sich, als plötzlich eine Hand sein Bein griff. John griff erneut seine Taschenlampe und schlug wieder mit ihr auf die Hand ein. Die Hand zog sich zurück und John aktivierte den Hauptstrom. Das Monster zerfiel vor ihm zu Staub und John sagte: „Das war echt knapp."

Am nächsten Morgen saß John im Büro des Direktors, der sagte: „Du kommst mit einer Verwarnung davon."

Als John aus dem Büro trat, bemerkte er einen kleinen Jungen, der ihn ansah. John näherte sich ihm und sprach ihn an: „Bist du hier alleine?"

Der Junge sagte mit einer sehr tiefen Stimme zu John: „Ich bin der Monstergott und das Monster, das du letzte Nacht beseitigt hast, war mein Kind. Rache!" Der Junge verschwand so schnell, wie er gekommen war.

John stellte sich viele Fragen, zum Beispiel, warum der Monsterkönig ein kleiner Junge war oder wie ein so schlechtes Monster sein Kind sein konnte. Voller Gedanken lief er in sein Zimmer, wo er Finn, seinem besten Freund, alles erzählte.

Finn antwortete darauf: „Das ist echt schlecht, aber was willst du jetzt machen?"

John sagte: „Weiß ich nicht, aber ich werde darüber nachdenken müssen."

Auf einmal brannte die Sporthalle. Finn und John bemerkten dies, weil sie es hören und riechen konnten. Beide rannten aus dem Haus. Alle wussten es schon und standen bereits draußen. Finn sagte zu John, dass das bestimmt der Monsterkönig gewesen sei.

Das wusste aber John schon längst.

Richard König, *Schüler der 7. Klasse der Freien Naturschule im Fürstenberger Seenland.*

Autorinnen + Autoren

Aila Lee
Alfred
Alina Faltschewski
Amalia Wichmann
Amelie Hase
Amy
Arman Wayiliyan
Arne
Ava Ulrich
Avni Mehra
Bruno
Cristóbal G. Suárez Altamirano
Daria Fani Yazdi
Elin Lee
Elisabeth Frey
Elisabeth Maria-Theresia Weitl
Elizaveta Miasnikova
Ellie S.
Emilia
Emily Klöckner
Emily Warstat
Emma Borgmann
Emma Kleiß
Emma Liebler
Enni Mai
Felix
Filippa
Finn Winkler
Floria
Frederick Braune
Frida Anni Danz

Gwendolyn Flach
Helena Abe
Hugo Schneider
Ida Peters
Ida Zeller
Jaro
Jette Krützfeldt
Johanna
Jose C. Guillermo Alania Inca
Jose F. López Quispialaya
Joshua Wennholz
Karin
Katharina Reich
Katharina Rick
Laila Morina
Lazar Ilic
Leah Shaw
Leo Sturm
Leo
Leonore Zimmermann
Lillemor Becker
Loana Giesler
Lola Cocos
Lucia Matušková
Lucie Hollmann
Luhana Arleth Lázaro Gallo
Luis Frank
Luisa Ahrens
Luisa Dems
Luisa Schmitz
Luisa Schmitz

Luise
Maila Fellenberg
Malika Oripowa
Marco Kronichler
Maria Grawe
Marian Kruschinski
Marlene Moran
Mateo F. Torrejón Gonzales
Mateo
Mathilda Müller
Melina Derr
Mia Klein
Mila Pesic
Mira Oosterom
Moosa Muhammad Khan
Moritz
Noah Tiefenbrunner
Oskar Julius Hoffmann

Paul Brennert
Pauline Eitner
Philipp Eidenhardt
Rajvee Patil
Rebekka Dienst
Richard König
Roman Macher
Sam Lomenick
Samia Bellanger
Sara Rhyner
Sara Silva Bodendiek
Schaked Rachel Rotkop
Sofia Ledergos
Suryaz Manla Fadli
Theresa
Veronika Maniukh
Victoria
Zoe Steinhebel

Aus folgenden Ländern:

Deutschland, Österreich, Peru, Israel, Spanien, Schweiz, Slowakei,

Und von folgenden Schulen:

IGS Kaufungen, Beata Imelda Schule Peru, Grundschule Nittenau, Stüveschule Osnabrück, Fritz-Gansberg-Schule Wiesbaden, Grimmelshausen-Gymnasium Gelnhausen, Deutsche Schule Eurocampus Mallorca, Private Ganztagsgrundschule der Privaten Schule IBB gGmbH Dresden, Geschwister Scholl Gymnasiums Daun, Grundschule Rötha, Geschwister-Scholl-Gymnasiums Hillesheim, Otto-Hahn-Realschule Plus Bitburg, Offene Ganztagsgrundschule Harksheide-Nord Norderstedt, Deutschen Schule Bratislava, Leibniz Privatschule gGmbH Elmshorn, Nysterbach-Schule Lövenich Erkelenz, Freie Naturschule im Fürstenberger Seenland

Unser Buchtipp

Kreatives Schreiben für Kinder

ISBN: 978-3-99051-169-5

ISBN: 978-3-99051-167-1

In den vorliegenden Arbeitsbüchern **„Kreatives Schreiben – Tiergeschichten"** und **„Kreatives Schreiben – Märchen"** geht es darum, Kinder und Jugendliche zum Schreiben zu motivieren. Denn die Lese- und Schreibkompetenz ist die wichtigste Kompetenz, um Wissen zu erlangen, egal, in welchem Bereich man Wissen erwerben möchte.

Kreatives Schreiben spornt darüber hinaus die eigene Fantasie an, etwas, das in einer Zeit von Internet und Spielekonsole leider nur allzu oft verlorenen geht. Den ersten Schritt zu machen, einen „Schreibgrund" zu finden, eine kleine Anleitung für die ersten Geschichten zu erhalten, das ist es, was wir mit diesen Büchern der Reihe „Kreatives Schreiben für Kinder" bewirken möchten. Deshalb geben wir Kindern Bilder, Erzählanfänge, Sätze und Wörter an die Hand, an denen sie sich orientieren können bei ihren ersten eigenen Geschichten.

Jedes Buch hat 62 Seiten und kann über den Verlag und den Buchhandel bestellt werden. Autorin ist Nanja Holland. Erschienen ist auch ein Band **„Kreatives Schreiben – Religion"**.

Wünsch dich ins
Wunder-Weihnachtsland

Schreibt mit an der größten Weihnachtsgeschichtensammlung aller Zeiten:

Seit fast zwei Jahrzehnten sammeln wir mit unseren Wunder-Weihnachtsland-Büchern Geschichten, Märchen, Erzählungen, Haikus, Gedichte ... rund um die schönsten Tage des Jahres – die Advents- und Weihnachtszeit. Hunderte von Texten haben uns in den Jahren erreicht – lustige und besinnliche, heitere und nachdenkliche.

Wenn wir alle Geschichten zusammenfassen, haben wir sicherlich eine der größten Weihnachtsgeschichtensammlungen aller Zeiten für kleine und große Leser zusammengetragen. Und wir schreiben weiter am Wunder-Weihnachtsland – 365 Tage im Jahr.

Einmal im Jahr – immer im Herbst – geben wir ein neues, gedrucktes Buch „Wünsch dich ins Wunder-Weihnachtsland" heraus. Alle Bücher gibt es mit der Veröffentlichung auch als E-Book.

Mitschreiben an dem Projekt können Autorinnen und Autoren jeden Alters, auch Kinder und Jugendliche! Weitere Infos unter:

www.wuensch-dich-ins-wunder-weihnachtsland.de

Ein Buch geht um die Welt

Eine internationale Initiative von Papierfresserchens MTM-Verlag

Kinder auf der ganzen Welt vernetzen, sie zum Schreiben animieren und ihnen die Möglichkeit bieten, über ihr Leben, ihre Träume und Wünsche zu schreiben, das möchte die internationale Initiative „Ein Buch geht um die Welt" von Papierfresserchens MTM-Verlag erreichen.

Der Buchverlag mit Sitz am Bodensee in Deutschland hat aus diesem Grund Schreibwettbewerbe zu verschiedenen Themen ins Leben gerufen, an denen sich Mädchen und Jungen im Alter zwischen 6 und 14 Jahren aus aller Welt mit ihren ganz kleinen oder auch umfangreicheren Märchen und Erzählungen, Gedichten, Haikus oder Erlebnisberichten beteiligen können. Auch Illustrationen dürfen eingereicht werden. An dem Buch mitwirken können zum einen Kinder, deren Muttersprache Deutsch ist. Aber es haben sich in den zurückliegenden Jahren auch immer wieder junge Autorinnen und Autoren an den Schreibwettbewerben des Verlags beteiligt, die Deutsch als Fremdsprache erlernen. Weltweit und über alle Kontinente wurden Schulen deshalb zu dieser Initiative eingeladen.

„Uns ist es wichtig", so Verlegerin Martina Meier, „dass die Kinder Spaß am Schreiben haben. Und wir wissen, dass viele unendlich stolz sind, wenn sie ihren Text in einem gedruckten Buch finden."

Einsendeschluss für die Wettbewerbe ist jeweils am 15. März und am 1. November eines jeden Jahres. Es werden bei den einzelnen Projekten immer ganz unterschiedliche Themen in den Mittelpunkt gerückt. Umfangreiche Informationen zu allen Projekten finden Interessierten unter

www.papierfresserchen.de

Die neuen Schreibwettbewerbe

Wir gehen auf Zeitreise!

Na, wie wäre es einmal mit einer echten Zeitreise. Wohin ihr reisen wollt? Das bleibt euch überlassen. Soll es vielleicht zurück in die Vergangenheit gehen? Oder womöglich in die Zukunft. Wollt ihr eine ganz bestimmte Person treffen? Oder an einem ganz besonderen Ereignis teilhaben? Wir sind gespannt auf eure Geschichten … Also, Rucksack aufgeschnallt und ab in die Zeitkapsel! Du kannst zu diesem Wettbewerb Märchen und Erzählungen, Gedichte und Haikus, aber natürlich auch Berichte über wahre Begebenheiten eingereicht werden.

Das Buch erscheint im Dezember 2024. Die Ausschreibung richtet sich an Kinder und Jugendliche von 6 bis 14 Jahren.

Einsendeschluss ist der 1. November 2024